Academic Debate

大学生のためのディベート入門

● 論理的思考を鍛えよう

内藤真理子・西村由美 編著
Naito Mariko & Nishimura Yumi

ナカニシヤ出版

まえがき

　この本は，筆者の1人である内藤が9年間ディベートの授業を担当し，そこで使用したレジュメをもとに作成したものです。ディベートと聞くと，「難しそう」「話し合いのほうが簡単でいい」「攻撃的な話し方になる」など，否定的な印象をもっている人がいるようです。実は，筆者らも初めてディベートの授業を担当するときには「難しそう」と思いました。でも，実際には，簡単だと思われがちな話し合いのほうが，多くの参加者がいる中で，自分が発言する機会を得たり，多様な意見を整理・調整したりしなければならず，さまざまなテクニックがより求められます。一方，ディベートは，話す順番と話すべき要素がスポーツのルールのように決まっているため，安心して力を発揮することができるといえ，このことから，議論をする力を養うための第一歩に適していると考えます。

　とはいっても，初めてディベートに接する学生のみなさんにとっては，話す順番や時間に制限があるため，複雑でわかりにくいし，そもそも議論するのは難しいと思うかもしれません。そこで，この教科書は，ディベートの試合に向けて，一段一段，階段を無理なく上がっていくことができるように作りました。着実に階段を上がれるように，グループでの振り返りの時間をたくさん設けています。振り返りを仲間と共有することで，ディベートの構造を理解し，さらに自分自身が組み立てたロジックを客観的にみられるようになります。客観的にみることで，自分のロジックの弱点に気づき，そしてそれを補強するための方法を考え，それを試して確認し，さらなる目標を考える，というように，ディベートの力を養っていくことができるでしょう。

　このように書くと，「私はディベーターになりたいわけじゃない！」と思う人もいるかもしれませんが，みなさん，どうか誤解しないでください。ディベートの授業はディベーターを養成するために行うのではありません。ディベートの準備から試合までの一連の流れを経験することで，批判的・論理的思考力，話す・聞く力が身につきます。これらの力は，大学で，そして社会で生きていくためにみなさんを支えてくれます。結果として，みなさんはディベーターとしての力もつけることになりますが，そこがゴールなのではありません。みなさんがよりよく学び，そしてよりよい社会をつくっていく力をつけることがこの教科書のゴールです。

　ぜひ，クラスの仲間や先生と，みなさんだけのディベートを作ってください。この教科書がそのお手伝いをすることができたら，とても嬉しいです。

2018年8月

内藤真理子

本書をお使いになる先生方へ

1 本書の特徴と全体の構成

この本は，大学の初年次の学生を主な対象とし，基礎演習科目での主教材としての使用を想定して作成しました。また，ディベートを初めて授業で扱われる先生も使用しやすいように，できるだけ詳しい説明を書くことを心がけました。

この教科書の全体としては，四つから六つの章をひとまとまりとして「学ぶ→実践する→振り返る」という三つのステップを，3回行うようにデザインしました。まず，第1章から第3章でディベートの概要を理解し，第4章の練習ディベートで実践し，第5章で振り返ります。次に，第6章から第9章まで思考のトレーニングを行い，第10章で試合全体の流れを見通した1対1ディベートを行い，第11章で振り返ります。最後に，第11章から第12章で表現や審判の方法について学んだのち，第13章で集大成としての試合を行い，第14章で全体の振り返りを行います。

2 各章の主な構成

この教科書の各章の主な構成は，「目標と内容の確認―前章の宿題の共有―説明確認（講義）―話し合いと練習―次章までの宿題の確認―目標達成度の評価」となっています。この順に学んでいくことで，各章の目標を達成し，そして最終的には，批判的思考力，論理的思考力，迅速な思考力，口頭表現力，傾聴力，質問力，情報収集・活用力，コミュニケーション力を身につけることを目指します。なお，章によっては，上記の構成要素の一部がないもの，順番が異なるものもあります。

①目標と内容の確認	授業の冒頭で，各章の目標と内容を提示することで，動機づけをします。
②前章の宿題の共有	前章の宿題をグループごとに共有することで，前章の授業内容を思い出し，また，試合のための準備を進めます。
③説明確認（講義）	各章の目標に沿った学習項目（反駁の仕方，批判的思考など）を理解させます。
④話し合いと練習	話し合いや練習問題に取り組ませることで，学習項目の理解を深め，実際に使う力を伸ばします。
⑤次章までの宿題の確認	宿題を確認させます。できれば，口頭で進め方の説明を行ってください。
⑥目標達成度の評価	最後に各章の目標達成度を三段階で自己評価させることで，各章の学習項目を振り返らせ，自身の理解度を内省させます。

3 授業回数

この教材は，全部で14章ありますが，「第13章 ディベートの試合」に2回分の授業を使用し，全部で15回分の授業となることを想定して作成しました。ディベートに15回を割けない場合は，第1章～第4章（できれば第5章の振り返りまで）をお使いいただくことで，ディベートの流れが一通り経験できます。また，学生がディベートについての知識をある程度もっている場合には，第5章からお使いいただくこともできます。

4 『教員用参考資料』と『配布資料』

「教員用参考資料」と「配布資料」(モデルディベートのスクリプト,フローシートなど) を教員の方を対象として配布いたします。

「教員用参考資料」と「配布資料」をご希望の方は

debateshiryo@gmail.com

までご所属・お名前を明記の上,ご連絡ください。電子ファイルにてお送りいたします。

目　　次

まえがき　*i*
本書をお使いになる先生方へ　*iii*

第 1 章　ディベートの概要 ——————————————— *1*

　1-1　はじめに　*1*
　1-2　ディベートの効果　*3*
　1-3　ディベートとは　*5*
　1-4　必要な役割　*6*
　1-5　ディベートの流れ　*7*

第 2 章　ディベートの議論の流れ，スピーチの役割 ——— *9*

　2-1　モデルディベートの議論の流れ　*9*
　2-2　各スピーチの役割　*10*
　2-3　シナリオディベート　*12*

第 3 章　練習ディベートの準備 ——————————————— *15*

　3-1　フローシートディベート　*15*
　3-2　ブレインストーミング：練習ディベート用　*16*

第 4 章　練習ディベートの実施 ——————————————— *19*

第 5 章　練習ディベートから本番ディベートへ ——————— *23*

第 6 章　立論の組み立て方 ————————————————— *27*

　6-1　論理的な主張　*27*
　6-2　三角ロジック　*29*
　6-3　「サーブ・アタック」ディベート　*32*

第 7 章　反駁（はんばく）の仕方 ————————————— *35*

　7-1　反駁の仕方　*36*
　7-2　反駁の型　*39*
　7-3　資料の要約の仕方　*40*

第8章　尋問の仕方 ── 45

- 8-1　批判的思考　*46*
- 8-2　尋問と応答　*50*
- 8-3　「サーブ・レシーブ＆アタック」ディベート　*52*

第9章　ロジックの検討 ── 55

- 9-1　思考停止の罠　*55*
- 9-2　「全員が敵」ディベート　*60*

第10章　第二反駁の仕方 ── 65

- 10-1　第二反駁の仕方　*66*
- 10-2　1対1ディベート　*67*

第11章　わかりやすい話し方 ── 71

- 11-1　わかりやすい話し方とは　*71*
- 11-2　ディベートの規則　*76*
- 11-3　試合をうまく運ぶためのヒント　*77*

第12章　審判の仕方 ── 81

- 12-1　審判の基本的心得　*81*
- 12-2　判定の仕方　*83*
- 12-3　審判スピーチの構成　*83*

第13章　ディベートの試合 ── 87

第14章　振り返り ── 89

- 14-1　ディスカッションで振り返る　*89*
- 14-2　自己評価　*92*

付録　ディベート全体のフォーマット　*96*
参考文献　*98*

第1章　ディベートの概要

第1章の授業目標
・議論しやすい雰囲気を作る
・ディベートの意義を理解する
・ディベートの全体像を把握する
内　　容
1. 議論の練習
2. ディベートの概要理解

1-1　はじめに

　ここでは，まず，ディベートの大まかなイメージを経験的にとらえるため，「安楽死」について，賛成と反対に分かれて議論をします。

《練習 1-1》議論をしてみよう：「賛成」と「反対」の両方を体験する（約 15 分）

▶進め方

①2人でペアになってください。

②①の2人で，賛成の立場で意見を言う人と，反対の立場で意見を言う人を決めてください。

③これから，以下について，賛成と反対に分かれて議論をします。

　・「安楽死を認めるべきである」

　　→賛成の人：認めるべき！

　　→反対の人：認めるべきではない！

④賛成の立場の人は「認めるべき理由」，反対の立場の人は「認めるべきではない理由」を1分で，できるだけたくさん頭の中で考えてください。

⑤「A：賛成理由 i（1分間）➡ B：反対理由 i（1分間）➡ A：賛成理由 ii（1分間）➡ B：反対理由 ii（1分間）」の順番で意見を言ってください。

※早く終わっても，時間が足りなくても，1分で終わりにしてください。

※何を話したかがわかるように，下の表にキーワード（自分が読めればよいです）を書いてください。

※あとで，このメモを使って，ペアで振り返りをします。

	A：賛成理由 i（1分）	➡ B：反対理由 i（1分）	➡ A：賛成理由 ii（1分）	➡ B：反対理由 ii（1分）
言ったこと・聞いたこと				

⑥次は，同じテーマについて，賛成と反対を入れ替えて，④⑤と同じ手順で議論をしてください。

	B：賛成理由 i（1分）➡	A：反対理由 i（1分）➡	B：賛成理由 ii（1分）➡	A：反対理由 ii（1分）
言ったこと・聞いたこと				

次に，自分たちの議論の内容を振り返ります。

《話し合い 1-1》議論を振り返ろう：よくできた点・改善点を見つける（約10分）

▶進め方

①以下の振り返りの三つのポイントについて，《練習 1-1》（☞ pp.1–2）のメモを見て，2人で話し合いながら，「自分への評価」と「相手への評価」に「○」（できた），「△」（まあまあ），「×」（よくできなかった）を書きこんでください。そう書いた理由も考えてください（3分）。

※振り返りのポイント：「説得力」「時間の管理」「ことばのわかりやすさ」

②教室全体で，①を共有し，改善方法を考えましょう（7分）。

	自分への評価 （○・△・×）	相手への評価 （○・△・×）	改善方法
説得力			
時間の管理			
ことばのわかりやすさ			

《話し合い1-1》（☞ p.2）で，自分たちのやりとりを客観的に振り返ることができましたか。そこで見出された改善すべき点と，その方法を心に留めておくことが特に重要です。この点については，次の節で詳しくみていきます。

ここでもう一点，とても重要なことがあります。この教科書には，伝え方や説得力を磨くため，グループでのたくさんの振り返り活動が盛り込まれています。振り返りが苦手な人や，今はまだ振り返ることに意義を見出せない人もいるかもしれません。しかし，レポート執筆において，より完成度の高い文章にするために読み直しをする作業が必要であるのと同様，ディベートにおいてもより説得力のあるスピーチをするために振り返ることが必要となります。ぜひ，積極的に振り返りに参加してください。

1-2 ディベートの効果

この授業では，ディベートの方法を学び，試合を行いますが，なぜ時間をかけてディベートを取り上げるのでしょうか。それは，ディベートには以下の効果があるからです。

《ディベートで向上する力》
❶批判的思考力
❷論理的思考力
❸迅速な思考力
❹口頭表現力
❺傾 聴 力
❻質 問 力
❼情報収集・活用力
❽コミュニケーション力

以下で，これらの力について確認しましょう。

《問題1-1》ディベートをすることで向上する力を具体的に知ろう（約5分）
▶解き方
①以下の表の「____力」の下線部を，《ディベートで向上する力》の❶～❽から選んで記入してください。

ディベートで向上する力	説　　明
_____力	相手が伝えようとしていることを正しく聞き取る力 （一方的に話すだけでは議論は深まらない。聞き手と話し手が協力し合って，安心して話せる場を作ることによって，よい議論ができる）
_____力	「あとでゆっくり考える」のではなく，与えられた時間の中で，それを説明するための議論を組み立てる力
_____力	聞いている人が理解しやすいように，かつ，伝えたいことを的確に話す力 （真の表現力とは，むやみに難しいことばを使ったり，長い文を話したりすることではない。すばらしい内容でも，聞き手に伝わらなければ意味がない。聞き手に伝わるかを意識して話すことが大切）

ディベートで向上する力	説　明
＿＿＿＿力	主張を明確に示し，根拠を過不足なく示し，そして飛躍や矛盾のない議論を組み立てる力 （「理由はないけど，なんとなくそう思うから○○だ」とか，「面白くないから××だ」のように，根拠なく，もしくは感情によって判断をしない）
＿＿＿＿力	主張を支えるための根拠となる情報を膨大な資料から収集し，吟味し，取捨選択する力 （集めた情報のすべてを使うわけではないが，たくさん見たからこそ選び取ったり，ときには捨てたりする判断をすることができる）
＿＿＿＿力	情報や相手の意見を鵜呑みにせず，信頼できるか，偏っていないか，どれぐらい重要かを自分自身で判断する力 （「○○が言っているから正しい」とか，「ブログに書いてあったから間違いない」と安易に判断しない）
＿＿＿＿力	相手が言ったことに対して，確認すべき点を見つけ，相手にわかりやすいことばで問いかける力
＿＿＿＿力	グループで参加者の意見を整理したり，一つにまとめたり，新しい考え方を見出したりするために，やりとりをする力

《話し合い1-1》(☞ p.2）で話し合ったことを思い出してください。さまざまな改善すべき点を出しましたね。そこで出たことは，「ディベートの効果」で挙げた項目に一致するものもあったのではないでしょうか。もし，一致する項目がなかった，または，あまり改善点や方法が出なかったという場合も心配しないでください。まずは，何が不足しているのか，自分で気がつくことが大切です。まさに今行っている議論を振り返るプロセスでも，みなさんはすでに思考力を育てています。では，まず自分の今の力を評価してみましょう。

《自己評価1-1》

▶進め方

①以下の自己評価図の8項目の能力について，5点満点で評価し，各項目の軸に「・」をつけてください。

②「・」をつないで八角形を作ってください。

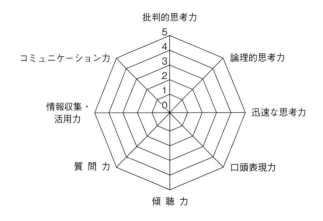

図1-1　自己評価図

この自己評価は最後の第 14 章でも行います。ディベートの授業を終えたとき，自分への評価が変わっているかもしれません。自分の成長を客観的にとらえ，今後の学びにつなげましょう。

1-3 ディベートとは

ディベートということばは誰もが耳にしたことがあるでしょう。しかし，ディベートとは何かと聞かれてイメージするものは，人によって違いがあるようです。ここでは，ディベートとは何かを共有しましょう。

《ディベートとは》
❶一つの問題（ディベートでは「論題」といって，「〜べきである」の形で示される）について話す。
❷論題に対する肯定側と否定側に分かれる。
❸時間配分・話す順番・人数などについての一定のルールに従う。
❹審判を論理的に説得することを目的として議論を展開する。
❺個人的な考えに関係なく，与えられた肯定，もしくは否定の立場から意見を述べる。
❻勝敗の判定が審判によってくだされる。

《問題 1-2》「安楽死を認めるべきである」という論題のディベートの説明として正しいものを選ぼう。（約 5 分）
① 【　】安楽死が認められている国を調べて報告する。
② 【　】安楽死の是非について，経験を中心に持論を主張する。
③ 【　】安楽死について，本人・家族・医師の三つの立場から是非を議論する。
④ 【　】安楽死について肯定側と否定側に分かれて議論する。
⑤ 【　】安楽死について反対だと考えている人が，肯定側に立つことはない。
⑥ 【　】調べてきた資料を使い，審判が納得するまで説明する。
⑦ 【　】相手のチームが論理的に正しいことを言っていると思ったら，相手に同意する。
⑧ 【　】相手チームを説得するのではなく，審判を説得する。
⑨ 【　】相手のチームが話しているとき，質問があったら，手を挙げて聞く。
⑩ 【　】説得するためには，感情をはっきりと表すことが必要である。
⑪ 【　】最後に，参加者全員（肯定側・否定側・審判）が同じ結論に達することを目的としている。
⑫ 【　】勝敗の判定に肯定側・否定側が加わることはない。
⑬ 【　】勝敗は，相手のチームが説得されたか否かによって決まる。
⑭ 【　】勝敗の判定は，参加者全員（肯定側・否定側・審判）によってくだされる。
⑮ 【　】審判は，感情や個人的な考えに流されず，その場で行われた議論によって判定をくだす。

1-4 必要な役割

前節でも触れていますが，ディベートをするためにはいくつかの役割があります。ここではその役割を確認しましょう。

ディベートには，「ディベーター」「審判」「司会」「時間係」の四つの役割が必要です。

1 必要な役割

> ❶ディベーター（2～4人のチームが二組）：ディベートで話す人（立論，尋問，第一反駁，第二反駁の四つの役割に分かれる）
> ❷審　　判：ディベーターによるスピーチを聞き，勝敗の判定をくだす人
> ❸司　　会：ディベート全体を進める人
> ❹時 間 係：時間を管理する人

ディベーターとは，ディベートの試合の中で話す人のことです。ディベーターは，肯定側と否定側の二つのチームに分かれます。各チームのディベーターは，さらに，話す内容によって「立論」「尋問」「第一反駁」「第二反駁」の役割に分かれます。これらの役割で行う発話を「スピーチ」といいます。

審判は，ディベートを聞いて勝敗の判定をくだす役割を担う人です。授業の中でディベートをする場合，ディベートに参加しない学生全員（後述する司会と時間係を除く場合もある）が審判をすることが多いです。審判は，判定の理由についても述べます。

司会は，ディベートの進行を管理する役割を担います。ディベートには決められた進行があります（次節で詳しく述べます）。司会はそれに合わせ，次に何が話されるかを紹介したり（例：次は肯定側立論です），規定された時間となったときにそれを告げたり（例：時間です）します。

時間係は，時間を管理し，司会の進行を助ける役割を担います。進行表に合わせて時間を測り，規定された終了時間がきたらそれを司会に知らせます。

ディベートをするときには，机の位置も図1-2のように並べ替えます。そして，ディベーターが話すときは，自分の机ではなく，中央の教卓で立って話します。審判が判定と講評を述べるときも同様です。このような設定をして教卓に立つと，誰でも緊張をします。しかし，「非日

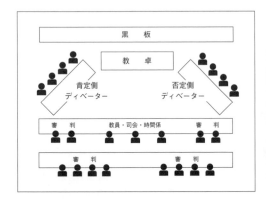

図1-2　席の配置例

図1-3　ディベート試合の様子

常感」はディベートに必要なものであり、また、このような経験を繰り返すことで、人の前で話すことに慣れていきます。

2 ディベートの特徴を取り入れた議論の例

ドラマやニュースなどで、ディベートの特徴を取り入れた議論の進め方を目にすることがあります。

たとえば、ドラマの中で刑事裁判のシーンを見ることがありますが、これもディベートの形式にのっとっています。刑事裁判においては、検察官（罪を追及する人）と被告人（罪を問われる人）と裁判官がいます。被告人には法律の専門家である弁護士が被告に代わって弁論を行いますが、このとき、弁護士が検察官に説得されることはありませんし、反対に、検察官が弁護士に説得されることもありません。両者がお互いの主張をし、そして、裁判官が判断をくだします。

1-5 ディベートの流れ

前節では、ディベートで必要な役割について確認しました。本節では、ディベートの試合の中で、ディベーターがどのような順番で話すのかをみていきましょう。

表1-1は、この教科書で使うディベートの進行表です。ディベートでは、①肯定側が立論を行い、②それに対して否定側が尋問をして肯定側が答えます。③次に否定側が立論を行い、④それに対して肯定側が尋問をして否定側

表1-1 ディベートの進行表

名　称	やること	
	肯定側	否定側
①肯定側立論	自分たちの主張	—
②否定側尋問	答　え	質　問
③否定側立論	—	自分たちの主張
④肯定側尋問	質　問	答　え
⑤否定側第一反駁	—	反　論
⑥肯定側第一反駁	反論・反駁	—
⑦否定側第二反駁	—	反論・反駁・総括
⑧肯定側第二反駁	反論・反駁・総括	—

（時間の流れ ↓）

が答えます。次に⑤否定側、⑥肯定側の順で第一反駁を行います。最後に、⑦否定側、⑧肯定側の順で第二反駁を行ってディベーターによるスピーチは終了となります。この表には書いていませんが、それぞれのスピーチのあとには「作戦タイム」があり、次のスピーチで何を話すか、同じチームの人と相談することができます。

こうしてディベートの流れをみてみると、話す順番や時間の制限が少ないディスカッションとは形式が異なることがよくわかりますね。次の章では、各スピーチ（立論・尋問・第一反駁・第二反駁）で具体的にどんなことを話すのかを学びます。

この授業を受けることにより、みなさんがゼミで発表したり、またそれを聞いたり、議論をしたりするための基礎力を養成することができます。さらに、ここで培った力は、レポート作成や発表準備のために、自分自身で組み立てた議論を批判的にみることにも役に立つことになります。

> **Tips ①ディベートの型**
>
> ディベートの型はすべて同じではなく、第二反駁がないもの、立論が2回あるもの、総括があるものなど、いくつかの型があり、また、試合によって各スピーチ（立論、尋問、第一反駁、第二反駁のこと）に与えられる時間は違います。ただ、それぞれの試合で使う型と、各スピーチの時間は、あらかじめ決められています。

第1章の授業目標達成度

今回の授業の目標はどれぐらい達成できましたか。
○（できた），△（まあまあ），×（できなかった）を記入してください。

	自己評価（○△×）
議論しやすい雰囲気を作る	
ディベートの意義を理解する	
ディベートの全体像を把握する	

第 2 章　ディベートの議論の流れ，スピーチの役割

第 2 章の授業目標
・ディベートの議論の流れを理解する
・各スピーチがどのようにつながっているのかを確認する
内　容
1. モデルディベートの議論の流れ
2. 各スピーチの役割
3. シナリオディベート

　第 1 章では，賛成・反対の立場に分かれて議論をしたあとで，振り返りのための話し合いをしました。また，ディベートの時間に沿った流れと各スピーチ（立論，尋問，第一反駁，第二反駁）の役割を確認しました。

　第 2 章では，ディベートをより具体的に理解するための活動をし，練習ディベートの実施（第 4 章）に向けて準備を始めます。まず，ディベート全体の議論の流れと，各スピーチの役割を具体的にみていきます。そのうえで，用意されたディベートのシナリオを読みながら，ディベートの試合の過程を体験します。

2-1　モデルディベートの議論の流れ

　ここでは，表 2-1「フローシート（簡略版）」（☞ p.10）を見ながら，具体的な流れを確認します。フローシートとは，ディベートで話された内容を書きとめるシートで，基本的には，ディベートの試合中に参加者（ディベーター，審判）が書き進めます。あとで見たときに，議論の流れをとらえ，各スピーチ同士がどのようなつながりをもちながらディベートが進んでいったかをわかりやすくするために書きます。フローシートはディベートの流れに沿って枠線が引かれており，各スピーチの該当する部分に重要な内容を書き込んでいきます。ディベーターは相手チームが言ったことをメモして自分たちが次に何を話すか考え，審判は最後に勝ち負けを判定するときの判断の材料とします。次頁の表 2-1 の①～⑧（⑥～⑧はそれぞれ枠が 2 つある）の順に内容が書き込まれます。

　第 1 章の表 1-1「ディベートの進行表」（☞ p.7）では，時間の流れが上から下へと縦軸で書かれていました。フローシートでは，時間の流れは左から右へと進みます。それはなぜでしょうか。フローシートはディベートの内容がどのように進んだかを一覧するためのものです。そのため，肯定の主張（立論）に対するやりとりが上の段，否定の主張に対するやりとりが下の段というように上下に分かれていたほうが，肯定側・否定側のそれぞれのスピーチが，どれぐらい論理的で説得力のあるものかを判断しやすいからです。また，ディベートの流れと各スピーチのつながりをさらにわかりやすくするために，表 2-1 には矢印（←）と斜線が書かれています。矢印は何に対する発言なのかを示し，斜線は何も書き込まないことを示します。たとえば，②の枠から①の枠へ向かっている矢印は，②に書かれた否定側尋問が①の肯定側立論に対する発言だということを表しています。また，否定側の立論は③で始めますから，その左側の枠に

表 2-1　フローシート（簡略版）

時間の流れ →

	肯定側立論	否定側尋問	否定側立論	肯定側尋問	否定側第一反駁	肯定側第一反駁	否定側第二反駁	肯定側第二反駁
肯定	① メリット1 メリット2	②			⑤	⑥	⑦	⑧
否定			③ デメリット1 デメリット2	④	⑥	⑦	⑧	

は書き込むことがありません。

　では，ここで具体的な内容の書かれたフローシートを見てみましょう。論題は「男性正規労働者の育児休暇を義務づけるべきである」です。

> **《話し合い2-1》審判の気持ちで判定してみよう（約15分）**
>
> 　試合のとき，審判はフローシートを見て，勝ち負けを判定します。でも，審判が複数いる場合は，必ず意見が一致するわけではありませんし，ディベーターの予想と違う結果になることもあります。そのため，審判はどうしてそう判定したのかを説明しなければなりません。
> 　みなさんは，フローシートを見て，肯定側・否定側，どちらのほうが説得力があると感じましたか。また，そう感じたのはなぜですか。答えは一つではありません。話し合いましょう。
> ▶使うもの：モデルディベートのフローシート
> ▶進め方
> ①1人で，肯定・否定のどちらが説得力があると感じたか，特にどこに注目してそう感じたかを考えてください。
> ②近くの人とペアまたはグループになって，判定とその理由を話し合いましょう。

　ここまでは，ディベート全体の話の流れを確認し，審判の気持ちで判定してみました。「この主張は説得力がある」と思った理由は，自分で主張を考え論理的に組み立てるときにもポイントになるでしょう。「なぜそう思ったか」を考えることも，論理的な思考力を鍛える練習になります。

2-2　各スピーチの役割

　前章（1-3（☞ p.5），1-4（☞ pp.6-7））では，ディベートにはどのような役割の人がいて，それぞれが何をするのかを確認しました。ここでは，表 2-1 のフローシートのどの部分にあたるかも確認しながら，各スピーチの役割を詳しくみていきましょう。[　]内の番号は，表 2-1「フローシート」に書いてある番号です。

　前半の四つのスピーチ（肯定側・否定側各二つ）は，立論とそれに対する尋問（質疑応答）です。

Ⅰ【立　論】(①・③)
論題の内容を，自分たちの立場（肯定・否定）から，根拠を示しながら，その立場の優位性を主張する。 ・肯定側立論：ことばの定義，プラン[1][plan]，メリット[2][merit] と根拠を提示する。 ・否定側立論：論題採択で新たに生じるデメリット[3][demerit] と根拠を提示する。
Ⅱ【尋問（質疑応答）】(②・④)
相手側の立論に対して，不明な点の確認や，矛盾点の指摘をし，それに相手側が応答する。

　ここまでが，表2-1「フローシート」では，肯定側立論（①）→否定側尋問（②）→否定側立論（③）→肯定側尋問（④）という流れになります。肯定・否定の両方がそれぞれ，立論と尋問（質疑応答）をするので，四つのスピーチが行われることになります。

　この「Ⅱ尋問」以降は新しいメリット・デメリットを付け加えることができません。これは，反駁に入ったあとは，あやふやな部分があっても直接相手に質問することができず，また，話すべき点が増えすぎて収拾がつかなくなり，この結果，議論が深まらなくなるからです。

　後半の四つのスピーチは自分たちの主張を立て直したり，強くしたり，また，相手の主張を弱めたりすることを目的に行います。

Ⅲ【第一反駁】(⑤・⑥)
相手側が話したことを引用しながら，それに対しての疑問点，矛盾点を指摘し，根拠をつけて反駁する。ただし，反駁に入ってから新しいメリット・デメリットを出してはいけない。
Ⅳ【第二反駁】(⑦・⑧)
ここまでの内容に関連づけながら，相手側への反駁を行ったあと，これまでの議論全体のまとめとして，自分たちの立場のほうが相手より優位であることを説明する。

　ここまでが，フローシートでは，否定側第一反駁（⑤）→肯定側第一反駁（⑥）→否定側第二反駁（⑦）→肯定側第二反駁（⑧）という流れになります。肯定・否定の両方がそれぞれ，2回反駁をするので，四つのスピーチが行われることになります。

　以上で，ディベートの試合のうち，ディベーターが話すところは終わりです。この後，書き込んだフローシートをもとに，審判の判定が行われます。

Ⅴ【判　定】
審判員が勝敗を決める。
Ⅵ【講　評】
審判長が講評を述べ，判定（勝敗）を発表する。他の審判員も判定とその理由を簡潔に述べる。
Ⅶ【総　評】
教員が双方の良い点・悪い点，改善すべき点をコメントする。

　以上のⅠからⅦのすべてを含めて，ディベートの試合といいます。ディベーターだけではなく，聞き手として審判をする人たちにも，フローシートを書き，勝敗を論理的に判断し，理由をつけて説明するという重要な役割があります。

---

[1] 論題を実行する具体的な方法（例：論題→Ａ大学は喫煙シェルターを作るべきである，プラン→20＊＊年7月までに4か所）。実際の試合では，「ことばの定義」と「プラン」は試合のときに初めて出されることが多いですが，この教科書では，試合の前に定義とプランをクラス全体で共有しておきます。
[2] プランを採択することによって生まれる利点（例：受動喫煙の被害が防げる）。
[3] プランを採択することによって生まれる不利益（例：経費がかかる）。

《話し合い 2-2》各スピーチの役割について感想を話そう（約5分）
　ディベートの流れが再度確認できましたか。難しそう，簡単そう，面白そう，ぜひやってみたいなどと思ったスピーチはどれですか。それはどうしてですか。ペアまたはグループで話しましょう。

2-3　シナリオディベート

　ここまでで，ディベートの流れを確認し，各スピーチの役割を学び，また，審判の気持ちで判定も行いました。次は，実際にディベートの試合に参加している気持ちで，モデルディベートのスクリプトを声に出して読み，ディベートを体験しましょう。

《練習 2-1》ディベートを体験しよう（約30分）
▶使うもの：モデルディベートのスクリプト
▶進め方
①2〜4人のチームを偶数作ってください。
②チームを二つ組み合わせ，肯定側・否定側に分かれてください。
③各チームで，だれがどのスピーチ（立論・尋問・第一反駁・第二反駁）を担当するかを決めてください。チームの人数が2人か3人の場合，1人が二つのスピーチを担当します。
④モデルディベートのスクリプトを見ながら，ディベートの流れに沿って，声に出して読んでください。

　声に出すことで，ディベートの流れが理解できましたか。また，目で読むのと，声に出して言ったり，聞いたりするのは，どう違いましたか。

《話し合い 2-3》シナリオディベートを振り返ろう（約5分）
▶進め方
①《練習 2-1》でディベートをしたグループになってください。
②ディベーターを体験した感想を簡単に伝え合ってください。
③自分自身とグループの人の話し方はどうだったか，改善すべき点は何か，話し合ってください。
　たとえば，声の大きさやトーン，話すスピード，聞き取りやすさはどうでしたか。

　これで，みなさんはディベート全体の流れを学び，用意されたシナリオを使って試合を一通り体験したことになります。でも，実際には試合を行う前にさまざまな準備をします。次章からは，練習ディベートの試合をする前の準備を始めます。そのために次の宿題をしてきてください。

《宿題 2-1》練習ディベート用の資料を探そう

練習ディベートの論題は、「日本は死刑制度を廃止すべきである」です。

▶進め方

①死刑制度に関して、異なる観点から書かれた資料を三つ集めてください。

②①をプリントアウトし、各資料の内容を表すキーワードを三つ〜五つ選んで、余白に書き込んでください。

③それぞれの資料についてキーワードを使って1分程度で説明できるように準備してください。

※三つの資料はプリントアウトして持ってきてください。

第2章の授業目標達成度

今回の授業の目標はどれぐらい達成できましたか。

○（できた）、△（まあまあ）、×（できなかった）を記入してください。

	自己評価（○△×）
ディベートの議論の流れを理解する	
各スピーチがどのようにつながっているのかを確認する	

第3章　練習ディベートの準備

第3章の授業目標
・ディベートの横のつながりを理解する
・アイディアを引き出す方法（＝ブレインストーミング）を学ぶ
内　容
1. フローシートディベート
2. 練習ディベート用ブレインストーミング

　第2章では，シナリオディベートを行い，ディベートの流れを確認しました。第3章では，まず，第2章と同じ論題を使い，フローシートを見ながら，ディベートの試合（ここでは「フローシートディベート」とよびます）を行います。次に，練習ディベートの準備の第一歩として，ブレインストーミングを行います。

3-1　フローシートディベート

　前章のシナリオディベートでは，スピーチの順番やそれぞれの役割の確認ができましたが，スクリプトを見ながら声に出すだけでは各論点がどのように横でつながっているのかが実感しにくかったのではないでしょうか。ここでは，議論の流れが一覧できるフローシートを見ながらディベートをすることで，どのように議論が進み，深められているのかを理解しましょう。

《練習 3-1》フローシートディベートをしよう（約 30 分）
▶進め方
① 4～8人のグループになってください。
② フローシートを見ながら，ディベートを再現してください。スクリプトのとおりでなくても構わないので，スクリプトは見ないで，議論を進めましょう。
　※前回の振り返りを思い出し，伝え方にも注意して話してみましょう。

《話し合い 3-1》フローシートディベートを振り返ろう（約 5 分）
▶進め方
① フローシートディベートの感想（よくできたところ，よくできなかったところ，難しかったところなど）を伝え合ってください。感想は自分についてだけでなく，他の人についてでもよいです。

　フローシートディベートはどうでしたか。それぞれのスピーチがどうつながっているか理解できたでしょうか。ディベートは，「自分自身のスピーチ（たとえば，立論）だけが上手にできればよい！」とはなりません。同じチーム，そして相手チームのスピーチとのつながりがあって初めて議論を深めることができます。今回の活動でそれが理解できましたね。

ここまで、ディベーターのスピーチ全体を経験しました。でも、まだ立論のスピーチを考えたり説明したりするときの資料を探すといった、ディベートの試合を行う前の準備は経験していません。ここからは、試合に向けて準備を進めていきます。いきなり試合の準備をするのではなく、まず一度「練習試合」となる練習ディベートを経験します。その後、自分たちで選んだ論題での試合に臨みます。

3-2 ブレインストーミング：練習ディベート用

ディベートの準備は、論題に関する現状を調べたり、論題を実行した場合にどのようなメリット・デメリットが生じるかをできる限りたくさん書き出したりすることから始めます。たくさん出すことによって比較することができ、よりよいものを選ぶことができるようになります。よりよい選択をするために考えを出し尽くして、整理することを、「ブレインストーミング」といいます。

ブレインストーミングでは、いろいろな意見を、躊躇せず、どんどん出していくことが重要です。他の人の意見を聞くことで触発され、新しい意見を引き出すことができます。ですから、「こんなこと言ったら恥ずかしいかな？」などとは考えず、思いついたことをどんどん口に出し、そしてグループの人が温かくそれを受け止めることがとても大切です。

《話し合い 3-2》ブレインストーミング：メリット・デメリットを出し尽くそう（約25分）

「日本は死刑制度を廃止すべきである」という論題について、クラス全体でブレインストーミングをしましょう。

▶使うもの：ブレインストーミング記録用紙
▶進め方
① 近くの人とペアになって、《宿題 2-1》（☞ p.13）を共有します。各自が準備してきた資料（三つ）をそれぞれ1分程度で説明してください。
② ペアで話し合いながら、ブレインストーミング記録用紙に「論題を実行したときのメリット」「論題を実行したときのデメリット」を書きましょう。書き始める前に枠の下の **Tips ② ここに気をつけよう：デメリットの書き方** も見てください。
③ クラス全体で書いたことを共有し、メリット・デメリットを出し尽くしましょう。出た意見は否定せずにどんどんメモしましょう。より強い立論を考えるときに役に立ちます。

Tips ② ここに気をつけよう：デメリットの書き方

肯定側が主張するメリットは、論題を実行したときのよい点を書きます。否定側が主張するデメリットは、論題を実行した際にどんな悪いことが起こるかを書きます（論題を実行しないときのよい点ではない）。特にデメリットのほうは間違えることがあるので、気をつけましょう。

例）論題「原発を廃止すべきである」のデメリット
○：発電コストが上がる　　←論題を実行したときに起こる悪いこと。
×：原発事故の発生頻度は低い　←論題を実行したときの不利益ではない。

モデルディベートの立論を思い出してください。メリットやデメリットを述べるだけでなく，それを支える資料の引用がありましたね。ディベートの準備では，資料探しがとても重要です。資料からメリット・デメリットを見つけることもあれば，その逆もあります。行ったり来たりしながら，よりよいメリット・デメリットと資料を選び出し，強い立論を作っていきます。

《話し合い3-3》立論（各メリット・デメリット）に必要な資料をさらに考えよう（約20分）

▶使うもの：ブレインストーミング記録用紙

▶進め方

① 《話し合い3-2》でペアになった人と，《宿題2-1》（☞ p.13）が，どのメリットやデメリットに使える資料か考えましょう。使える資料には，資料の余白にメモをしましょう。

　　例：「冤罪による死刑執行防止」

　※なかには，メリットやデメリットを支える資料ではなく，現状や背景を確認することに適した資料もあります。

② 他にどんな資料が必要か考え，検索するときのキーワードを記録用紙の余白に書いてください。

　　例：「死刑　冤罪　人数」

③ ②をしながら，新しいメリット・デメリットが浮かんだら，それを記録用紙にメモしてください。できれば資料を検索するキーワードも考えてください。

④ クラス全体で共有しましょう。

第3章では，前半でフローシートディベートによりディベートの横のつながりを理解し，後半では練習ディベートのためのブレインストーミングを行うことで，資料と立論の間を行ったり来たりすることを経験しました。

第4章では，今回出し合ったメリット・デメリットを使って，練習ディベートを行います。

《宿題3-1》立論（各メリット・デメリット）に必要な資料を選ぼう

▶使うもの：ブレインストーミング記録用紙，死刑制度に関する資料集

▶進め方

① ブレインストーミングで話した死刑制度廃止に対してのメリット・デメリットから，最も強いと思うものを各自でそれぞれ二つずつ選んでください。

② ①で選んだメリット二つ，デメリット二つを述べるときに根拠となりそうな資料を，資料集または《宿題2-1》（☞ p.13）からそれぞれ一つか二つずつ選び，すぐ見つけられるように印をつけてください。

第3章の授業目標達成度

今回の授業の目標はどれぐらい達成できましたか。
○（できた），△（まあまあ），×（できなかった）を記入してください。

	自己評価（○△×）
ディベートの横のつながりを理解する	
アイディアを引き出す方法 （＝ブレインストーミング）を学ぶ	

第4章　練習ディベートの実施

第4章の授業目標
・ディベートの準備として，どのようなことをどのような順番でするのかを学ぶ
・ディベートの試合の流れを学ぶ
内　容
1. 練習ディベートの準備
2. 練習ディベートの実施

　第2章，第3章では，スクリプトやフローシートを見ながらディベートの試合の擬似体験をしましたね。第4章では，自分たちで資料を選び，自分たちで議論を組み立てたディベートを体験します。論題は，「日本は死刑制度を廃止すべきである」で行います。それでは，まず前章での話し合いや宿題をもとに準備を進めましょう。

《話し合い4-1》練習ディベートの準備をしよう（約35分）
▶使うもの：ブレインストーミング記録用紙，死刑制度に関する資料集
▶進め方
①2～4人のグループになってください。
②肯定側か否定側かを決めてください（クラス全体で肯定側と否定側が同じ数になるようにする）。
③各グループで話し合って，メリットまたはデメリットを一つ選んでください。
④③の根拠となる資料をどれにするか，資料集または《宿題2-1》（☞ p.13）の中からグループで選んでください（一つ～二つ）。
⑤相手側のメリットまたはデメリット（二つ）と資料を予想し，それに対する反駁（はんばく）で使えそうな資料を資料集または《宿題2-1》（☞ p.13）から選んでください（各一つ）。
⑥担当する役割を決めてください。
　※2人グループ：立論＆第一反駁，尋問＆第二反駁
　　3人グループ：立論，尋問＆第二反駁，第一反駁
　　4人グループ：立論，尋問，第一反駁，第二反駁
⑦すべてのスピーチは1分間で行います。各自で話すことを準備してください。
　※章末の《練習ディベート用フォーマット》（☞ p.22）を利用

　準備ができたら，ディベートをしてみましょう。なお，今回はディベートの準備と試合の両方を経験し，その流れを知ることが目標なので，準備不足でも心配しないでください。

《練習4-1》練習ディベートをしよう（約40分）
▶使うもの：ブレインストーミング記録用紙，死刑制度に関する資料集，レコーダー，未記入のフローシート（2枚）
▶進め方
①四つのグループ（肯定2グループ，否定2グループ）が一緒になってください。2グループ

ずつ，試合をします。
② ディベートの試合の形に机を並べてください。（☞図1-2（☞p.6））
③ 先に試合をする肯定と否定の各1グループを決めてください。
④ フローシート2枚を受け取り，論題（「日本は死刑制度を廃止すべきである」）とあなたの名前を記入してください。
⑤ 表4-1の練習ディベートの進行表のとおりに進めます。試合に参加する人は，できるだけフローシートに記入しながらディベートに参加してください。また，自分たちの音声を録音してください（宿題で使います）。試合に参加しない二つのグループの人も，フローシートを書いてください。
⑥ それでは，試合を始めましょう。
⑦ 試合が終わったら，聞いていた二つのグループによる，新しい試合を始めましょう。

表4-1 練習ディベートの進行表

名　称	時　間 （合計14分）	やること	
		肯定側	否定側
【①肯定側立論】	1分	自分たちの主張	―
作戦タイム	1分	質問への準備	質問する内容の相談
【②否定側尋問】	1分	答　え	質　問
【③否定側立論】	1分	―	自分たちの主張
作戦タイム	1分	質問する内容の相談	質問への準備
【④肯定側尋問】	1分	質　問	答　え
作戦タイム	1分	反論の内容の相談	反論する内容の相談
【⑤否定側第一反駁】	1分	―	反　論
作戦タイム	1分	反論・反駁する内容の相談	反論する内容の相談
【⑥肯定側第一反駁】	1分	反論・反駁	―
作戦タイム	1分	反論・反駁・総括する内容の相談	反論・反駁・総括する内容の相談
【⑦否定側第二反駁】	1分	―	反論・反駁・総括
作戦タイム	1分	反論・反駁・総括する内容の相談	―
【⑧肯定側第二反駁】	1分	反論・反駁・総括	―

（時間の流れ）

　試合はどうでしたか。うまくいったところ，いかなかったところはどこでしょう。試合をしながら気づいたことがたくさんあると思います。グループで，今回の練習ディベートを簡単に振り返りましょう。

《話し合い4-2》練習ディベートの感想を伝え合おう（約5分）
▶進め方
① 練習ディベートで対戦したグループで集まってください。
② 練習ディベートの感想（よくできたところ，よくできなかったところ，難しかったところなど）を伝え合ってください。感想は自分についてだけでなく，他の人についてでもよいです。

　グループで振り返りを行うことで，有益な示唆をもらえましたね。このような振り返りをすることで，次のディベートの試合がよりよいものとなります。しかし，この振り返りだけでは

十分ではありません。今の自分を冷静に受け止め，次のステップに進むためには，何が必要かを見つけなければなりません。その「必要なこと」は，全体に共通していることだけではなく，あなたに特有なこともあるでしょう。

それらに気づくためには，「他者の耳」で改めて自分の試合を聞くことが有効です。よって，みなさんのディベートの力を上げるため，以下の宿題をしてきてください。

《宿題 4-1》練習ディベートを振り返ろう
▶進め方
①録音した自分たちのディベートの音声を聞いてフローシートを完成させてください。
　※自分がディベーターとして参加した試合のみ
②青字で，よい点【自分のチーム・相手のチーム】に_____を引き，その理由を書いてください。
③赤字で，要改善点【自分のチーム・相手のチーム】に_____を引き，改善案を書いてください。

●試合の論題

論題の候補を先生から聞き，その中からぜひ挑戦してみたい論題を選んでください。決定は次章で行います。

①	
②	
③	
④	
⑤	

第4章の授業目標達成度

今回の授業の目標はどれぐらい達成できましたか。
○（できた），△（まあまあ），×（できなかった）を記入してください。

	自己評価（○△×）
ディベートの準備として，どのようなことをどのような順番でするのかを学ぶ	
ディベートの試合の流れを学ぶ	

《練習ディベート用フォーマット》

①・③【立 論】:	

それでは［肯定・否定］側立論を始めます。
死刑制度廃止で起きる［メリット・デメリット］は1点あります。
［メリット・デメリット］は「　　[メリット・デメリット]　　」です。
なぜなら　**理　由**　からです。
〈肩書き〉の〈著者名〉・〈機関名〉　によると、「　**資料の要約**　」。
［つまり・このように］　**理　由**　から、「　［メリット・デメリット］　」です。
以上のことから、［肯定・否定］側は、「日本は死刑制度を廃止すべきで［ある・ない］」と強く主張します。
これで［肯定・否定］側立論を終わります。

②・④【尋 問】:	

それでは［否定・肯定］側尋問を始めます。［メリット・デメリット］について質問します。
・［メリット・デメリット］は「　　」ということでよろしいですね。
・今よりどれくらい［良く・悪く］なるのですか。具体的な数字を教えてください。
・〜と言いましたが、根拠を教えてください。
・「　　」とは何ですか。……………………【定　義】
・いつ〜か。………………………………………【時　間】
・どこ〜か。………………………………………【場　所】
・だれが〜か。……………………………………【主　体】
・どのように〜か。………………………………【方　法】
・なぜ〜か。………………………………………【理　由】
・他の〜はどうですか。…………………………【比　較】[1)]
これで［否定・肯定］側尋問を終わります。

⑤【否定側第一反駁】:	

それでは否定側第一反駁を始めます。
肯定側はメリットとして「　　」と述べましたが、しかし、**態度表明**（例：それは違います・それは重要ではありません）。
なぜなら、**理　由**　からです。
以上のことから、「日本は死刑制度を廃止すべきでない」と否定側は主張します。
これで否定側反駁を終わります。

⑥【肯定側第一反駁】:	

それでは肯定側第一反駁を始めます。
否定側はデメリットとして「　　」と述べましたが、しかし、**態度表明**　。なぜなら、**理　由**　からです。
次にメリットについて否定側に反駁します。
否定側は「　　」と述べましたが、しかし、**態度表明**　。なぜなら、**理　由**　からです。
以上のことから、「日本は死刑制度を廃止すべきである」と肯定側は主張します。
これで肯定側反駁を終わります。

⑦・⑧【第二反駁】:	

それでは［否定側・肯定側］第二反駁を始めます。
［肯定側・否定側］は［メリット・デメリット］について「　　」と述べましたが、しかし、**態度表明**　です。
なぜなら、**理　由**　からです。
次に［デメリット・メリット］について［肯定側・否定側］に反駁します。
［肯定側・否定側］は「　　」と述べました。しかし、**態度表明**　です。なぜなら、**理　由**　からです。
最後に総括をいたします。
メリットとデメリットを比較すると、［デメリット・メリット］のほうが重要です。
なぜかというと、　[相手側の弱点・自分たちの勝っている点]　からです。
以上のことから、「日本は死刑制度を廃止す［べきではない・べきである］」と［否定側・肯定側］は主張します。
以上で［否定側・肯定側］第二反駁を終わります。

1)「定義」〜「比較」の7項目はビリヤード法（戸田山, 2002：121）を参考に作成。

第 5 章 練習ディベートから本番ディベートへ

第 5 章の授業目標
・練習ディベートを振り返ることで，自分の問題点を知る
・試合までの準備の流れを知る
・柔軟にアイディアを出し，整理することを学ぶ
内　容
1. 練習ディベートの振り返り
2. 各スピーチの役割の再確認
3. ディベート準備の流れの確認
4. 試合のチーム決定
5. 試合ディベートの論題に関するブレインストーミング

　第 4 章では，練習ディベートを体験してみました。実際に自分たちでやってみることで気づいたことがたくさんあるはずです。この章では，その気づきをクラスで共有してから，ディベートの流れをもう一度確認し，そして，試合の準備を始めます。

《話し合い 5-1》練習ディベートの振り返りを共有しよう（約 30 分）
　▶進め方
　①練習ディベートのグループで集まって，《宿題 4-1》（☞ p.21）で書いた各スピーチのよい点とその理由，要改善点とその改善案を述べて，重要なことを書きくわえてください。
　　※どのスピーチに対しても，上記の四つを言ってください。
　②各スピーチを 5 点満点で評価し，フローシートの空いているところに記入してください。
　③対戦相手グループの人と，フローシートを 1 枚交換し，違いをみつけてください。

　自分たちのグループの人と話し合い，そして，相手グループと評価を交換することで，自分たちのディベートの問題点が明らかになってきましたね。
　どこをどのように改善すればよいかを念頭に置きながら，ここでディベートの各スピーチにおける役割をもう一度確認しておきましょう。

《話し合い 5-2》ディベーターの役割を確認しよう（約 15 分）
　▶進め方
　①ペアまたはグループで，ディベートの「立論」「尋問」「第一反駁」「第二反駁」ですべきことを簡単にまとめてください。

立　論	尋　問	第一反駁	第二反駁

②ディベートの「立論」「尋問」「第一反駁」「第二反駁」ですべきではないことを簡単にまとめてください。

立 論	尋 問	第一反駁	第二反駁

③よいディベートを行うために必要なことを五つ挙げてください。

_____

_____

_____

_____

_____

④上記の①〜③について、クラスで共有してください。

これで練習ディベートの振り返りは終わりです。ディベートで話すときの注意点を把握し、ディベートの試合の流れも再確認しました。

ここからは、試合に向けた準備を始めます。まず試合実施までにどのような作業が必要か、確認しておきましょう。

《話し合い5-3》ディベートの準備作業の確認をしよう（約5分）

▶進め方

ディベートの準備作業は、どのような順で進めればよいでしょうか。ペアまたはグループで、図の空欄にa〜gを入れてください。

a. 資料を収集する	e. 立論のロジックを組み立てる
b. 相手からの反駁[1]を予想する	f. メリット・デメリットを出しつくす
c. 相手の反駁に対する自分たちの反駁を考える	g. メリット・デメリットを決定する
d. 立論で使う資料を選ぶ	

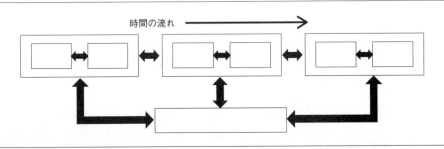

---

[1]「反駁」とは、本来、「反論の反論」のことをいいますが、本書では、以降、「反論」と「反駁」を総称して「反駁」とします。

準備の流れを確認したところで，試合ディベートの論題を決定しましょう。

前章で論題候補として挙げられた中から，クラスで使う論題を選んでください。論題が決まったら，それぞれの論題のディベーターを決定してください。

※各論題に二つのグループ（肯定・否定）を作りますが，ここではまだどちらの側になるかは決めないでください。

◎あなたの論題

◎あなたのディベートのグループの成員

ここでは肯定側か否定側かを決めないまま準備を進めます。どちら側かが早くわかったほうが準備が進めやすいと考えるかもしれません。しかし，どちらの側かが決まったら，その後は自分たち側で使えそうな資料だけを探しがちになりませんか。これは，ディベーターとして好ましい態度ではありません。たとえば，肯定側ディベーターであっても，否定側の立論や引用資料や反駁などを十分に予測して検討しておくことが重要です。なぜなら，相手側の立論と，その後の議論の流れを予測しておくことが，自分のチームの勝利につながるからです。そのため，肯定側／否定側を先に決めずに準備を進めていくことにしましょう。

《話し合い5-4》論題に関するブレインストーミングをしよう（約30分）

▶使うもの：ふせん用紙，ブレインストーミング記録用紙（新しいもの）

今回は，枠にとらわれずにアイディアを出し合ったあとで，整理・分類することを経験するために，以下の方法で進めます。

▶進め方

①試合の論題のグループで集まってください。

②論題について，知っていること，調べたいことなどを，各自で思いつく限りふせん用紙に書き出しましょう。あとで分類しやすいように，1枚に1項目だけ書いてください。

③上記②で作成したふせん用紙のメモを，グループで共有しながら，以下の項目別に分類してください。

　a. 論題を実行したときのメリット（肯定側）
　b. 論題を実行したときのデメリット（否定側）
　c. その他（現状，補足的な情報など）

④上記③を参考にしながら，各自がブレインストーミング記録用紙にメモの内容を記録してください。

⑤ブレインストーミング記録用紙の中から，資料を検索するときのキーワードになりそうなことばを探し，○で囲ってください。その他に思いついたキーワードがあったら，加筆して○で囲ってください。

※全部で20以上のキーワードを見つけてください。

⑥メリット,デメリットのそれぞれの根拠となる資料を「必要な資料」に書いてください。今は「あったらいいな」と思う資料を検索の候補にする段階なので,実在するかどうかはまだ考えなくて構いません。疑問点もあったら,ここに書き込みましょう。
※実際に検索するときは,欲しい資料に関連するキーワードを⑤から選んで組み合わせると,見つけやすくなります。(例:凶悪犯罪 死刑 執行数)

　ここまでグループでうまく作業を進めることができたでしょうか。ブレインストーミングで,いろいろなメリット・デメリットや疑問点,調べたいことなどが出たのではないでしょうか。第5章の宿題は,メリット・デメリットを検討するための資料検索です。以下のとおりに宿題を進めてください。

《宿題5-1》論題に関する資料を収集しよう
▶使うもの:資料収集報告書
▶進め方
①論題に関する資料を検索してください。
②できるだけ異なった観点のものを五つ選んでください。
　※授業内のブレインストーミングで挙がらなかったメリット・デメリットに関するものでもよいです。
③次回の授業で,自分の収集した資料一つにつきキーワードを三つ～五つ挙げ,1分程度で概要を説明できるようにしておいてください。
④資料として引用できそうなところに印をつけてください。
⑤資料収集報告書に「資料情報」「文章(直接引用)」「キーワード」を書き出してください。
　※資料と資料収集報告書は,次回授業で共有できるように持参してください。

　第5章では,練習ディベートを振り返り,各自の改善点などを見つけて,試合に向けての準備を始めました。まだあまり自信をもてない人も,これからじっくり準備を進めていく過程で,練習を重ね,たくさん話し合うので,心配しないでください。次の第6章から,この授業の第一の目的である論理的思考力と批判的思考力を鍛えるための活動に入ります。

第5章の授業目標達成度	
今回の授業の目標はどれぐらい達成できましたか。○(できた),△(まあまあ),×(できなかった)を記入してください。	
	自己評価(○△×)
練習ディベートを振り返ることで,自分の問題点を知る	
試合までの準備の流れを知る	
柔軟にアイディアを出し,整理することを学ぶ	

第6章　立論の組み立て方

第6章の授業目標
・論理的な主張をするために必要なことを学ぶ ・三角ロジックを学ぶ ・三角ロジックを使って立論を組み立てることを知る
内　　容
1. 論理的な主張 2. 三角ロジック 3. 収集した資料の共有 4.「サーブ・アタック」ディベート 5. 必要な資料の再確認と分担

　第5章から，ディベートの試合の準備が始まりました。前章では，練習ディベートを振り返ったあと，試合の論題に関するブレインストーミングを行い，宿題として論題に関する資料収集をしましたね。この章では，これらの資料を使いながら，「論理的な主張」を組み立てていきます。

　「論理的」とは具体的にどういうことなのでしょうか。ことばで説明するのは難しいかもしれませんね。第6章では，それが何を指し示しているのかいっしょに考えながら，「論理的な主張」のイメージをつかみます。その後，それを目に見える形でとらえることができる「三角ロジック」を学びます。そして，宿題で収集した資料を三角ロジックに当てはめ，「サーブ・アタック」ディベートを行います。

6-1　論理的な主張

　立論では，第2章で勉強したように，論題に対して，根拠を示しながら，メリット，またはデメリットの優位性を審判に伝えます。では，自分たちが優位だと審判に判定されるためには，どうしたらよいのでしょうか。

　審判を説得するには，議論を論理的に組み立てなければなりません。これには，論理的な思考力が必要ですが，第1章で学んだ論理的な思考力を覚えていますか。

《練習6-1》論理的な主張とは何かを考えよう（約5分）
　以下から論理的な主張と判定できるものに○，判定できないものに×をつけてください。

a	なんとなくそう思うから死刑制度を廃止すべきだ。
b	死刑制度は廃止すべきだ。
c	死刑制度は，文明の初期段階から行われていたという。冤罪による死刑は防ぐことができないため，死刑制度は廃止すべきである。

d	自分の母が「旧姓を使いたかった」と言っていたから，夫婦別姓にすべきだ。
e	子どものためには夫婦は同じ姓がよい。
f	死刑をする国は多くないだろうから，死刑制度を廃止すべきだ。
g	国民に対する調査では，「死刑もやむを得ない」と答えた者の割合が80.3%あり，国民の意思を尊重するためには，死刑制度を廃止すべきではない。
h	夫婦別姓にすると，子どもがいじめられるおそれがあるため，実施すべきではない。しかし，母親のキャリアのためには実施すべきだ。
i	冤罪は実際に発生していることが判明しており，人間が審判をくだす以上，誤審を回避することはできないのである。

　論理的思考力とは，主張を明確に示し，根拠を過不足なく示し，そして飛躍や矛盾のない議論を組み立てる力のことです。「理由はないけど，なんとなくそう思うから＊＊だ」とか，「面白くないから＊＊だ」のように，根拠なく，もしくは感情によって判断することは，論理的ではありません。みなさんは，このようなものには迷わず×をつけたのではないでしょうか。でも，「なんか変な気がする」というものは，判断しにくかったことでしょう。判断しにくかったのは，それが論理的主張ではないと気がついているからです。まずは，「何か変だ」と気がつくことが，大切です。論理的であるためには，以下の二つが必要です。

《論理的であるために必要なこと》
❶主張を明確に示す
❷根拠を過不足なく示す

　では，反対に，非論理的とはどのようなものか整理しましょう。《練習6-1》（☞ pp.27–28）で判断しにくかった理由は以下の9項目のいずれかに当てはまるはずです。

《非論理的になる原因》
❶主張がはっきりしない
❷主張が一貫していない
❸主張はあるが，根拠がない
❹根拠はあるが，主張がない
❺根拠が怪しい・推測にすぎない
❻根拠が個別的で，一般性に欠ける
❼論理に飛躍や矛盾がある
❽不必要なことが書いてある
❾あいまいな表現・感情的な表現がある

　大まかに，論理的な主張のイメージがつかめましたか。でも，自分で論理的な主張をどうやって作るのかわからない，あるいは難しそうだと思った人もいるでしょう。では，ここから，論理的な主張を作るためのトレーニングをしましょう。

《話し合い6-1》日常の会話の中の論理性を考えよう（約5分）

①友だちから次のように誘われて，あなたはすんなり受け入れられますか。受け入れられる，または受け入れられないと思った理由を書いてください。

友だち：「あ，雨だ！ 今日の晩御飯，牛丼食べに行こうよ！」

理由：
―すんなり受け入れられると思った人 ➡ _____

理由：
―すんなり受け入れられないと思った人 ➡ _____

②誘われた人が「??」と思わない誘い方に直してみてください。

「あ，雨だ！ _____から，今日の晩御飯，牛丼食べに行こうよ！」

　何か足りないと感じて，②の下線を完成させることができましたか。付け足すことにより，すんなり受け入れられる誘いにすることができたのではないでしょうか。
　今，みなさんが付け足した「何か」は論理的な主張をするために必要なものです。以下で，その「何か」を目に見える形にして考えていきましょう。

6-2　三角ロジック

　説得力のある主張をするためには，三角ロジックを使うと，わかりやすくなります。ここでは，三角ロジックを勉強しましょう。

1　三角ロジック

　一般的には，「主張」は根拠があるものも，ないものも，一律に「言いたいこと＝主張」として大きくとらえられています。でも，ディベートで必要な「論理的な主張」は，次頁の図6-1のように，「A）主張」「B）事実」「C）理由づけ」の三つの構成要素から成り立っています。この三つの関係を視覚的にわかりやすくするために三角形を使って考える方法を「三角ロジック」といいます。図にすると，図6-1のようになります。この図を使うことで，自分のロジックを客観的に検討することができます。
　《話し合い6-1》の牛丼の例でもう一度考えてみましょう。「あ，雨だ！ 今日の晩御飯，牛丼食べに行こうよ！」の「雨だ」は，実は「理由づけ」ではなく，「事実」なのです。これを言った人の心の中では，「雨が降ったから，友だちと牛丼を食べに行こう」と思ったのかもしれませんが，でも，実は，これを発した本人にとっては当然のことなのでことばには表さなかった，「雨の日は牛丼が100円安くなる」という理由づけが隠されていたのです。

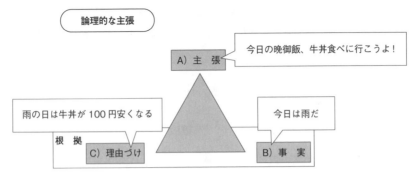

図6-1 「論理的な主張」を可視化した三角形（三角ロジック）

　実生活においては，「雨の日は，＊＊屋の牛丼が100円安くなる」ということを知っている友人に対し，「あ，雨だ！　雨の日は，牛丼が100円安くなるから，牛丼を食べに行こうよ」とはわざわざ言いませんね。これは「雨の日は，＊＊屋の牛丼が100円安くなる」という情報を共有していることを知っているからです。このように，実生活では理由づけが表に出ないことが多いですが，情報が共有されている限りコミュニケーションに支障は出ません。

　しかし，ディベートでは，審判や相手チームといったその場にいる人全員が理由づけを共有しているかは不明ですし，そもそも，ディベートの審判は自分で推測して理由づけをすることはせず，ディベートの試合の中で語られたことだけで判定をくだすことになっています。よって，ディベートでは，「ちょっと面倒だな」と思うかもしれませんが，審判に「なるほど」と思ってもらえるよう，隙のないロジックにすることを心がけましょう。

《話し合い6-2》三角ロジックを吟味しよう（約5分）
以下の二つは隙のないロジックになっていますか？
①【主　　張】：2,000mの山に登るなら，防寒着を持っていくべきだ。
　【事　　実】：今，山の下にいても，肌寒い。
　【理由づけ】：100m高度が上がると，気温が0.6〜1度下がる。

②【主　　張】：A君の家はお金持ちに違いない。
　【事　　実】：A君は高級ブランドの時計を持っている。
　【理由づけ】：高級ブランドの時計を持っている学生は，お金持ちの家の子どもだ。

　説得力のある主張をするためには，主張，事実，理由づけ[2]の三つが揃っている必要がありますが，三つあればしっかりしたロジックになっているというわけではないことがわかりましたね。
　では，次に，前回の宿題を共有をしながら，自分たちの三角ロジックを考えましょう。

---

[2]「事実」とはデータによって示された「現状」や「（専門家などの）論説」で，「理由づけ」は多数の事実の中からその事実を選んだ理由。

《話し合い6-3》宿題の共有をしよう（約45分）
▶使う物：《宿題5-1》（☞ p.26），ブレインストーミング記録用紙，表6-1「メリット・デメリットの三角ロジック表」
▶進め方
① 試合ディベートのグループになり，《宿題5-1》（☞ p.26）を共有してください。
　※一つの資料につき，1分程度でキーワードと概要を説明してください。
　※聞いている人は，追加で必要な資料など，気づいたことがあったら，ブレインストーミング記録用紙に記入してください。
　※共有された資料の中にメリットやデメリットの根拠として使えそうな資料があったら，メモをブレインストーミング記録用紙に記入してください（例：「Y2」→山田さんの2番目の資料）
② 強いと思われるメリットとデメリットをブレインストーミング記録用紙から三つずつ選び，表6-1の「主張」に記入してください。
③ 「事実」に，集めた資料で使えそうなものがあれば記入してください。もし，ない場合は，「これから集めたい資料」を記入してください（いずれも簡単なメモで構いません）。
④ 「主張」と「事実」をつなぐ「理由づけ」として考えられることを簡単に書いてください。
　※話し合いの過程で，これらを変更しても構いません。

表6-1　メリット・デメリットの三角ロジック表

	A）主張（メリット・デメリット）	B）事　実	C）理由づけ
	例1：今晩は牛丼を食べに行こう 例2：冤罪による死刑を防止できる	例1：今日は雨だ 例2：死刑囚の冤罪が4件判明した	例1：雨の日は牛丼が100円安くなる 例2：慎重に審理しても冤罪を完全に避けられない
メリット	ⅰ．		
	ⅱ．		
	ⅲ．		
デメリット	ⅰ．		
	ⅱ．		
	ⅲ．		

6-3 「サーブ・アタック」ディベート

　表6-1「メリット・デメリットの三角ロジック表」(☞ p.31)を使い,「サーブ・アタック」ディベートをしてみましょう。「サーブ」は試合を始めるときの第一打ですね。ディベートで第一打に当たるのは立論です。強いサーブ(三角ロジックが強固な立論)を打つことができれば,試合を有利に運べますが,弱いサーブ(三角ロジックがガタガタ)を打ったら,相手が強烈な「アタック(反駁)」を返してくることになります。ここでは,自分が作ったサーブが強いか弱いかを試してみましょう。

　なお,アタックの方法は,次章で学ぶので,アタックの役になった学生は,今できる範囲でサーブを打ち返してみてください。

《練習6-2》「サーブ・アタック」ディベートをしてみよう(約10分)
▶使うもの:《宿題5-1》(☞ p.26),表6-1「メリット・デメリットの三角ロジック表」(☞ p.31),レコーダー
▶進め方
①立論をする人(X)と,反駁をする人(Y)を1人ずつ決めてください。他の人はディベートを聞きます。
②携帯電話などを使い,録音の準備をしてください(次回の授業で使います)。
③以下の「サーブ・アタック」ディベートのフォーマットを使って,X(立論),とY(反駁)としてディベートをしてください。
　※録音をしてください(次回の授業で使うので,データを削除しないでください)。
　※Xは,表6-1のメリットiを使って立論を行ってください。
　※Yは,その場で反駁を考えてください。
　※他の人は,聞きながら立論の弱点を考え,気づいたことを表6-1に記入してください。
④終わったら,聞いていた人がXとYになり,他のメリット・デメリットについても③を行ってください。
　※録音をしてください(次回の授業で使うので,データを削除しないでください)。

《「サーブ・アタック」ディベートのフォーマット》

【X立論】:
　[肯定・否定]側は「__論題__すべきで[ある・ない]」と主張します。
　論題を採用することで起きる[メリット・デメリット]は1点あります。
　[メリット・デメリット]は__A__です。なぜなら__C__からです。
　証拠資料を引用します。__[〈肩書き〉の〈著者名〉・〈機関名〉]__によると,「__B__」。
　[つまり・このように]__C__から,__A__のです。
　以上のことから,[肯定・否定]側は,「__論題__すべきで[ある・ない]」と強く主張します。
　これで[肯定・否定]側立論を終わります。

【Y反駁】:
　これから[否定・肯定]側反駁を行います。
　[肯定・否定]側は__A__と言いましたが,それは違います。なぜなら,__理由__からです。
　以上のことから,「__論題__すべきで[ない・ある]」と[否定・肯定]側は主張します。
　これで[否定・肯定]側反駁を終わります。

「サーブ・アタック」ディベートはどうでしたか。ここでは，自分たちで集めた資料を使って組み立てた立論で初めてミニディベートに挑戦しました。三角ロジックを使うことで，より説得力のある立論になったのではないでしょうか。複数の資料（資料収集報告書，メリット・デメリットの三角ロジック表など）を使うため，慌ててしまうという人もいると思います。でも，これから何回も，このようなミニディベートを体験していくので，だんだん探している資料をすぐ取り出して落ち着いて話せるようになるでしょう。また，三角ロジックを強くしていくことで，さらに説得力のある立論を作ることもできます。

第6章の最後の作業をしましょう。《話し合い6-3》（☞ p.31）や「サーブ・アタック」ディベートで，追加で収集する必要のある資料に気づきましたね。今回の宿題は，追加資料を探し，立論を作成することです。そのための準備として，グループの中でメリット・デメリット各三つの分担を決めてください。

《話し合い6-4》追加で収集する資料の確認をし，分担を決めよう（約5分）
▶進め方
①さらに探す必要のある資料を確認し，ブレインストーミング記録用紙に記入してください。
②メリット三つ，デメリット三つをグループで分担し，それぞれが探す資料を決めてください。

追加収集する資料の候補はたくさん挙がりましたか。もし，話し合いの中であまり出てこなかった場合は，各自が自分が担当するメリット・デメリットを三角ロジックに当てはめて考えながら，資料の収集を行ってください。第5章で学んだように，メリット・デメリットの決定や立論の作成は資料収集との間を行ったり来たりしながら進めていくものです。「よい資料が見つけられた！」「強固な立論が書けた！」と思っても，もしかしたら，もっとよい資料やよい立論があるかもしれないと，作業を進めることを忘れずにいれば，すばらしい試合になるはずです。

《宿題6-1》追加資料を集め，立論を書こう
▶進め方
①グループのメンバーで《宿題5-1》（☞ p.26）の資料収集報告書のデータを送付し合い，共有してください。
②《話し合い6-4》で担当となったメリット・デメリットの追加資料を探し，①に追加してください（1人三つ以上）。
③担当となったメリット・デメリットの資料に対し，「資料収集報告書」の「メリット・デメリット」「肯定・否定」「スピーチ」にわかる範囲で記入してください。
　※次回の授業でグループの人に追加資料一つにつきキーワード三つ〜五つ挙げ，30秒〜1分程度で説明できるように準備してください。
　※新しく集めた資料部分のみ，グループで共有できるように，次回，持参してください。
④担当したメリット・デメリットの立論案を作成してください（《「サーブ・アタック」ディベートのフォーマット》（☞前頁）の立論を利用する）。
　※グループで共有できるように，次回，持参してください。

今回は，三角ロジックを学んだあと，宿題を共有しつつ，各メリット・デメリットを三角ロジックに当てはめて検討し，最後に「サーブ・アタック」ディベートに挑戦しました。三角ロ

ジックの使い方がまだつかめないという人もいるかもしれません。三角ロジックは，今回だけではなく，第7章，第8章でも詳しく説明していくので，焦らずに学んでいきましょう。

第6章の授業目標達成度	
今回の授業の目標はどれぐらい達成できましたか。 ○（できた），△（まあまあ），×（できなかった）を記入してください。	
	自己評価（○△×）
論理的な主張をするために必要なことを学ぶ	
三角ロジックを学ぶ	
三角ロジックを使って立論を組み立てることを知る	

第7章　反駁の仕方
（はんばく）

第7章の授業目標
・自分のロジックを検討し，補強することができる
・相手のロジックの弱点を見つけ反駁することができる
・資料をわかりやすく引用できる

内　容
1. 追加収集した資料の共有
2. 反駁の仕方
3. 資料の要約の仕方
4. 「サーブ・アタック」ディベート（2回目）

　第6章では，論理的思考とはどのようなものかを，「三角ロジック」という形で学び，立論で使うよりよいメリット・デメリットを選ぶために，話し合いをしました。さらに，そのメリット・デメリットを使って「サーブ・アタック」ディベートを行い，実際に口頭で表現してみるとどうなるか確認しました。

　第7章では，前回の宿題を共有し，立論を練り上げていきます。そして，「アタック」にあたる反駁の仕方を学び，再度「サーブ・アタック」ディベートを行います。また，限られた時間内で要点を明確に話すために，立論や反駁で使う資料をどのように引用するかを学びます。

　よりよい立論を作るための話し合いから始めますが，「え～，また話し合い？　先週の「サーブ・アタック」ディベートもまあまあできたし，よいメリット・デメリットだと思うから，このままで十分。もう話し合う必要はないよ」と思った人もいるかもしれません。でも，立論の役割はどのようなものだったでしょうか。立論は，肯定・否定の両チームが，最初にメリット・デメリットを出すところで，それ以降，それらに対して議論が進みます。つまり，ロジックが整っておらず説得力がない，あるいは，表現力に問題がある立論をすると，ディベート全体の議論が浅いものになってしまいます。両チームがそれぞれ真剣に考え抜いた立論がなされてこそ，充実した試合となります。

　また，「もうこれでいいや」と考えることをやめてしまうのは，とてももったいないことです。自分たちで作ったロジックが十分に強いものか，弱点はないかと考えていく過程で経験できるはずの，論理的思考を鍛えるトレーニングの機会を失うことになるからです。そうはいっても，1人で黙々と思考のトレーニングをしたり，ロジックを強くしていったりするのは簡単ではありません。グループで話し合いながら，多角的に，深く考える力を養いましょう。

《話し合い7-1》資料と立論を共有しよう（約25分）
　よりよい立論を作るために，前回の宿題を共有し，さらによいメリット・デメリットはないか，資料は十分か，他に必要な資料は何かを話し合いましょう。
　▶使うもの：《宿題6-1》（☞ p.33）
　▶進め方
①試合ディベートのグループになり，作成した立論（《宿題6-1》④）を1人ずつ読み上げてくだ

さい。
②聞き手となった人は，質問したり，気づいたことを伝えたりしてください。立論作成者はメモをしてください。あとで，この立論を使って，「サーブ・アタック」ディベートを行います。
③新しく収集した資料（《宿題6-1》②）をグループの人に説明してください（①で紹介したものは除く）。
④これまで収集した資料が，どちらの立場で，どのスピーチに使えるか報告してください（《宿題6-1》③）。
※一つのメリット・デメリットに二つの資料を使うこともできますし，これまでの資料よりよいものがあれば，入れ替えても構いません。複数の資料を比較することによって，メリット・デメリットをより強く支えるものを選び取ることができます。
※追加で必要な資料の種類など，気づいたことをどんどんメモしてください。宿題をするときに使います。
※使用するメリット・デメリットがこれでよいかを，もう一度検討してください。よくないと思ったら，思い切って変更してください。

7-1 反駁の仕方

立論の検討は今後も各チームが必要に応じて行うことになります。第5章で述べたように，十分に戦うためには肯定・否定の両側から検討していく必要があります。次回の第8章までは両方の立場で準備を進め，第9章で立場を決めます。

ここでは反駁の仕方を学びます。一度ディベートの流れを思い出してみましょう。ディベートの前半部分にあたる「肯定側立論」「否定側尋問」「否定側立論」「肯定側尋問」の四つのスピーチが終わったあと，後半でこれまでの議論の内容に対する「反駁」が行われます。反駁は「第一反駁」と「第二反駁」がありましたね。第一反駁が前回練習した「サーブ・アタック」ディベートの「アタック」にあたる部分です。相手が打ってきたサーブ（立論）を相手に向かって「強く打ち返す」イメージです。前回の「サーブ・アタック」ディベートでは，強くアタックできましたか。相手の立論に，その場ですぐに反駁するのは難しかったのではないでしょうか。反駁では，論理性だけでなく，短時間での判断も求められます。素早く鋭い反駁をするために，練習ディベートの論題「日本は死刑制度を廃止すべきである」を使って練習しましょう。

《練習7-1》反駁の問題点を見つけよう（約5分）
よい反駁とはどのようなものでしょうか。まず，よくない例をみて，何が問題なのかを考えましょう。

1) 【肯定側立論】：犯人の人権を守ることができる。
【否定側反駁】：凶悪犯罪が増加する。
【問題点】：
_____
_____

第7章 反駁の仕方　37

2) 【肯定側立論】：犯人の人権を守ることができる。
　　【否定側反駁】：被害者にも人権がある。
　　【問題点】：

　　　―――――――――――――――――――――――――――
　　　―――――――――――――――――――――――――――

　　【改善案】：

　　　―――――――――――――――――――――――――――
　　　―――――――――――――――――――――――――――

　論題に関連していて，自分の立場を支持することなら何でも反駁になるというわけではありません。相手が言ったこととの関係がはっきりしない「異論」を唱えているだけでは，議論が交わることなく平行線で終わってしまいます。練習の例では，表面上は相手のことばに答えていますが，これでは議論を深めることはできません。相手が打ってきたサーブを，相手には返さず，自分の好きなところに打ち返しているようなものです。相手の意見にしっかり向き合って，議論を深められる反駁を心がけることが重要です。

《練習7-2》反駁を考えよう①（約5分）

　反駁をするには，まず相手のロジックの弱点を見つけなければなりません。次の三角ロジックで作られた立論にはどんな問題点がありますか。それを突く反駁も考えましょう。

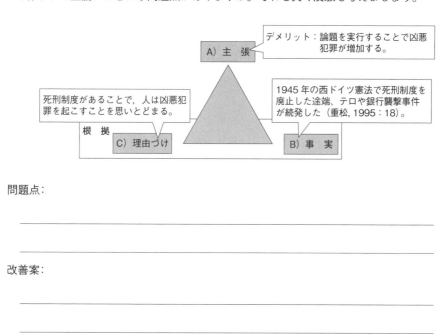

問題点：

　―――――――――――――――――――――――――――
　―――――――――――――――――――――――――――

改善案：

　―――――――――――――――――――――――――――
　―――――――――――――――――――――――――――

問題点は見つかりましたか。前頁の例を見て，三角の形自体はまあまあできているような，でも，完璧な三角にはなっていないような，はっきりしない感じがしたのではないでしょうか。反駁するためには，相手のロジックのどこにどのような問題があるのかを見つけなければなりません。なかなか見つけられない場合は，まず，三角がしっかりできているか，三角形の二つの点「理由づけ」「事実」のどちらかに問題がないかという点から考えてみましょう。

《練習 7-3》反駁を考えよう②（約 10 分）

以下の練習に三角の図はありませんが，三角をイメージしながら考えてみてください。【事実】や【理由づけ】に問題があって三角そのものが成り立っていないかもしれませんし，三角は成り立っていても，小さすぎたり，論題と少しずれたりしているかもしれません。三角のどこに問題があるかを見つけて，どのように反駁するかを考えてください。

1) 【肯定側立論】：[主　　張] 死刑の執行者の精神的な負担がなくなる
　　　　　　　　　[事　　実] 死刑執行をして，精神のバランスを崩してしまった人がいる
　　　　　　　　　[理由づけ] 死刑執行は，仕事として許容されるストレスを越えている
　【否定側反駁】：

2) 【肯定側立論】：[主　　張] 冤罪による死刑を防ぐことができる
　　　　　　　　　[事　　実] 冤罪による死刑判決を受けた例がある
　　　　　　　　　[理由づけ] 誤審を防ぐことはできない
　【否定側反駁】：

3) 【肯定側立論】：[主　　張] 冤罪による死刑を防ぐことができる
　　　　　　　　　[事　　実] 容疑者が虚偽の自白を強要され，それが証拠とされることがある
　　　　　　　　　[理由づけ] 誤審を防ぐことはできない
　【否定側反駁】：

4) 【否定側立論】：[主　　張] 刑務所の支出が増える
　　　　　　　　　[事　　実] 受刑者 1 人当たりの経費
　　　　　　　　　[理由づけ] 終身刑となった場合，死ぬまで衣食住の経費がかかる
　【肯定側反駁】：

5) 【否定側立論】：[主　　張] 死刑を望む国民の声が反映されなくなる
　　　　　　　　　[事　　実] 死刑に関する調査結果「廃止すべきだ」が 9.7％，「やむを得ない」が 80.3％
　　　　　　　　　[理由づけ] 政府は国民の声を政治に反映させる義務があり，多くが死刑を望んでいる
　【肯定側反駁】：

三角ロジックのどこに問題があるかを見つけ，反駁を考えることができたでしょうか。考えながら，反駁にもさまざまなタイプがあることに気がついた人もいるかもしれませんね。また，さまざまなタイプがあるからこそ，短時間で判断するのが難しいともいえます。そこで，次節で，反駁のタイプを整理してみましょう。頭を整理した後，前頁の《練習7-3》で考えた反駁が以下の図7-1の①～⑤のどのタイプにあたるかを考えます。

7-2　反駁の型

　図7-1の左の三角は相手の立論で示された三角ロジックです。それに対して，まず△そのものが成り立っているかどうかを考えます。三角が成立していないと思ったら「△を認めない」，成立していると思ったら「△を認める」です。

　「△を認めない」場合は，相手が立論で挙げた事実か理由づけのどちらか，もしくは両方を突いて，三角を崩します。その矛盾点・問題点・不足を指摘することによって，点と点のつながりを弱めて三角を崩せるので，相手の主張に対して，「①そうではない（△はまったく成り立っていない）」「②必ずしもそうではない（△は成り立たない場合がある）」と反駁ができます。

　「△を認める」場合は，相手の三角が正しくできていることを受け入れたうえで攻めます。論題には直接関係ないと判断したら「③関係ない」として，相手の△を議論の隅に追いやります。全体からみて影響はとても小さいと判断したら「④重要ではない」として，相手の△を小さくします。問題となっている状況を他の方法で解決できると判断したら「⑤解決可能」として，相手の△より簡単で確実な△を作って塗りつぶします。

　△を認めず，事実か理由づけを突くことができれば，結果的にロジックが崩れて相手のメリット・デメリットをつぶすことになるので，理想的な反駁のように思うかもしれません。しかし，相手も立論を練り上げているので，「①そうではない」と言うことは簡単ではありません。反駁をするときに大切なのは，相手のロジックのどこがどのように弱いのかを突き止め，ことばで表現することです。その際に，この①～⑤を使うことができます。

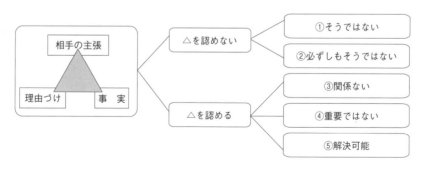

図7-1　反駁の型（中野（2010：41）より改変）

《練習7-4》反駁のタイプを整理しよう（約10分）
　《練習7-3》（☞前頁）で書いた反駁が上の図7-1の①～⑤のどれにあたるか考えてください。

　自分で考えた反駁を一度分類してみることによって，何にどのように反駁しようとしたのかを客観的に振り返ることができます。それが，次に反駁を考えるときの力になるはずです。

第6章では，立論の組み立て方を中心に学んだので，「サーブ・アタック」ディベートの反駁は難しかったのではないでしょうか。ここでは，そのディベートを振り返り，特に反駁の改善点を考えます。そして，改善点に気をつけながらもう一度，「サーブ・アタック」ディベートを行います。

《練習7-5》「サーブ・アタック」ディベートを振り返り，再挑戦しよう（約25分）
▶使うもの：第6章で録音した音声，《宿題6-1》（☞ p.33）
▶進め方
①第6章で，「サーブ・アタック」ディベートを行ったグループになってください。
②「サーブ・アタック」ディベートの録音を聞いて，反駁の改善点を話し合ってください。三角ロジックの弱点を突いた反駁になっているかを確認し，どうすれば強い反駁になるかを考えましょう。
③《宿題6-1》（今回の《話し合い7-1》（☞ pp.35–36）で加筆した立論と資料）を使って，もう一度「サーブ・アタック」ディベートをしてください。
※録音をしてください。今回の宿題をするときに使います。

《「サーブ・アタック」ディベートのフォーマット》

【X 立論】：
　[肯定・否定]側は「　論題　すべきで［ある・ない］」と主張します。
　論題を採用することで起きる［メリット・デメリット］は1点あります。
　［メリット・デメリット］は　A　です。なぜなら　C　からです。
　証拠資料を引用します。　[〈肩書き〉の〈著者名〉・〈機関名〉]　によると，「　B　」。
　［つまり・このように］　C　から，　A　のです。
　以上のことから，[肯定・否定]側は，「　論題　すべきで［ある・ない］」と強く主張します。
　これで[肯定・否定]側立論を終わります。

【Y 反駁】：
　これから［否定・肯定］側反駁を行います。
　[肯定・否定]側は　A　と言いましたが，それは違います。なぜなら，　理由　からです。
　以上のことから，「　論題　すべきで［ない・ある］」と［否定・肯定］側は主張します。
　これで［否定・肯定］側反駁を終わります。

2回目の「サーブ・アタック」ディベートは，反駁にも注目して行いました。前回よりも自信をもってアタックができたでしょうか。第6章から三角ロジックを使って論理的な立論，反駁を考え，練習してきました。ロジックがうまくできても，言いたいことを時間内に伝えられなければ，せっかくの準備が台無しです。

次は，スピーチを簡潔にまとめるために，資料の要約の仕方を学びましょう。

7-3　資料の要約の仕方

資料を要約して，簡潔にまとめることは，話し手・聞き手双方にとって大切です。ディベートの各スピーチは数分です。試合では，時間切れで言いたいことがすべては言えなかったということも起こります。特に，資料を引用するときは，文章をそのまま読む直接引用では長くな

りがちです。また，必要のない部分も入ると，初めてその資料の内容を聞く人にとってメリット・デメリットとの関係がわかりにくくなります。

以下の例を見て，「そのまま引用」のどこがどのように「簡潔な引用」に書き換えられているかを確認しましょう。

《例7-1》そのまま引用
　2005年の明治大学名誉教授の菊田幸一の著書によると，引用開始「実際に死刑執行の告知は，執行当日の一時間前に行われている。かつては告知は執行の前日までになされ，前夜までに遺言書を作成したり，家族と最後の面会をすることができたが，一九七六年頃から東京拘置所においては，執行当日の朝，執行が言い渡されるようになった。死刑の執行は午前中に行われるため，死刑確定者は毎朝執行の恐怖に脅かされている。このような突然の死刑執行は，その肉体的・精神的苦痛が最小限でなければならないとする規約人権委員会の「一般意見」（第十六段落）に反する[1]」。引用終了。

《例7-2》簡潔な引用
　2005年の明治大学名誉教授の菊田幸一の著書によると，死刑執行の告知が，執行当日の一時間前に行われていることは，肉体的・精神的苦痛が最小限でなければならないとする規約人権委員会の条文に反するとあります。

《引用の型》
❶＊＊年の＊＊の＊＊の［論文／記事 etc.］によると，「〜」とあります。
❷＊＊の＊＊は，＊＊年の［論文／記事 etc.］で「〜」と［述べ／し／［報告・指摘・分析・説明・考察・主張・定義］し］ています。

では，実際に資料の要約をしてみましょう。

《練習7-6》簡潔に資料を引用しよう（約5分）
　以下の文を要約し，上記の引用元を示す表現の型を使って，資料の説明をしてください。
2000年『なぜ人を殺してはいけないのか』pp.198-199 小浜逸郎（こはまいつお）〈批評家〉

「たとえ実際に冤罪（えんざい）事件があり，再審の結果逆転無罪になるケースがいくつも見られたとしても，そういう弊害（へいがい）を避けるために唯一なすべきなのは誤りをゼロにするという理念の実現のために，捜査から判決までの全刑事過程を制度的，技術的，現実運用的にいかにきちんと整えてゆくかということであって，死刑を廃止することではない」

---

[1] 菊田幸一（2005）．『死刑廃止に向けて──代替刑の提唱』明石書店，p.101．

要約引用：
_____
_____
_____
_____

　ここまでで，反駁の仕方，スピーチを簡潔にするための資料の要約の仕方を学びました。2回目の「サーブ・アタック」ディベートも行ったので，改善点もさらに意識できたのではないでしょうか。準備と練習が確実に進んでいますが，本章の最初にも書いたように，よりよいディベートを目指して，これからも必要に応じて資料にあたり，ロジックを強くしていきます。そのために，以下の宿題をしてきてください。

《宿題7-1》資料を追加，要約しよう
▶進め方
①メリット・デメリット別に担当した**《宿題6-1》**②（☞ **p.33**）の「資料収集報告書」ファイルを各グループで統合して一つのファイルにしてください。
②必要があれば，追加で探す資料を決め，分担してください。
③立論で使う資料の要約をグループで分担し，できれば反駁用の資料も分担してください。
④担当となった資料の「簡潔な引用」の欄に要約を記入してください。
　※グループで共有できるように，次回の授業に持ってきてください（**《宿題7-1》**の部分のみ）。

《宿題7-2》立論と反駁を作成しよう
▶進め方
①立論を再度検討し，さらに資料の部分を要約文に修正してください。
②第一反駁を**《宿題6-1》**（☞ **p.33**）の立論に続けて記入してください（今回録音した「サーブ・アタック」ディベートの反駁部分を参考にして書く）。
　※資料を使って反駁ができるとよりよい（反駁用の資料は今後必要となります）。
　※グループで共有できるように，次回の授業に持ってきてください。

　第6章，第7章と三角ロジックを使って，立論の組み立て方と反駁の仕方を学び，ディベートの準備をしてきました。次の第8章では，もう一度三角ロジックを使って批判的思考のトレーニングを行い，尋問の仕方を学びます。尋問は，ディベートの中で唯一，相手に直接質問することができるスピーチで，相手のロジックのどこを攻めればよいのかを探る機会です。さらに三角ロジックを活用して，思考力に磨きをかけましょう。

第7章の授業目標達成度	
今回の授業の目標はどれぐらい達成できましたか。 ○（できた），△（まあまあ），×（できなかった）を記入してください。	

	自己評価（○△×）
自身のロジックを検討し，補強することができる	
相手のロジックの弱点を見つけ反駁することができる	
資料をわかりやすく引用できる	

第8章　尋問の仕方

第8章の授業目標
・相手や自分の思考を批判的に眺め，指摘する力をつける ・尋問から反駁（はんばく）へとつながる議論の流れがわかる ・相手の問題点に関して尋問し，反駁の準備ができる
内　容
1. 追加資料と立論の共有 2. 批判的思考 3. 尋問と応答 4.「サーブ・レシーブ＆アタック」ディベート

　第6章，第7章と続けて三角ロジックを使い，立論の組み立て方，反駁の仕方を学びました。第8章では，三角ロジックを使って批判的思考のトレーニングを行い，尋問の仕方を学びます。そして，最後に，前章で行った「サーブ・アタック（立論・反駁）」ディベートに，レシーブ（尋問・応答）を加えた「サーブ・レシーブ＆アタック」ディベートを行います。

　尋問はディベートのスピーチの中で唯一，肯定・否定の両者が向き合って，質問と答えという形で直接ことばを交わす部分です。尋問は立論の次に行いますが，それはなぜでしょうか。ディベートとは，立論で出されたメリット・デメリットをめぐって，それぞれの重要性・深刻性について全体を通して議論していくものでしたね。したがって，立論で述べるメリット・デメリット自体にあやふやなところがあっては，前提が揺らぎ，議論がかみ合わなくなります。また相手のロジックの妥当性を見極めるために，確認しなければならない点も出てきます。つまり，尋問は，質問する側にとって，立論の不明な点を解消し，そのうえで相手のロジックのどこを突けばよいのか探り，どのように反駁を行うのかを決める手がかりを得る機会になります（☞ 7-2（☞ p.39））。また，答える側は，尋問されることによって自分たちのロジックの不備や弱点に気がつき，反駁されそうなところを予測することもできます。

　第7章では，「とにかく相手のロジックの弱点を見つけて，即攻撃！」という力強い直線的な思考で進んできましたが，第8章では攻撃する前に，「この攻撃は可能か？　有効か？」「他に攻撃できるところはないか？」と冷静に準備することを学びます。この準備を，試合では「尋問」という形式で行います。

　ではまず，前回の宿題を共有し，立論と第一反駁を確認しましょう。本章の最後に，この立論を使って，「サーブ・レシーブ＆アタック」ディベートを行います。

図 8-1　尋問の様子

> 《話し合い8-1》資料と立論を共有しよう（約30分）
> ▶使うもの：《宿題7-1, 7-2》（☞ p.42）
> ▶進め方
> ①試合ディベートのグループになり，作成を担当した立論と第一反駁（《宿題7-2》）（☞ p.42）を読み上げてください。
> ②グループの人は，①を聞いて立論のできをチェックし，立論作成者にアドバイスしてください。
>
>> 《チェックポイントの例》
>> ・立論における三角ロジックの弱い点はどこか
>> ・引用した資料は十分かつ妥当か
>> ・引用した資料はわかりやすく要約，引用されているか
>
> ③立論に入れなかった資料で，新しく収集したり要約したりした資料があったら（《宿題7-1》（☞ p.42））グループの人に説明してください。
> ※追加で必要な資料など気づいたことがあったら，資料収集報告書にメモしてください。
> ※使用するメリット・デメリットをもう一度検討してください。変更は可能です。

宿題では，自分たちで組み立てた立論に対して，自分で第一反駁を書いています。第7章で行った「サーブ・アタック」ディベートを参考にしているとはいえ，自分たちのロジックを客観的に眺めることになったでしょう。みなさんはすでに，批判的にロジックをとらえようとしています。次は，「批判的思考」とはどのような頭の働かせ方なのかを経験しながら，ディベートの尋問の仕方へとつなげていきます。頭の片隅に，宿題で書いた反駁を置いておき，その反駁の前の作戦タイムと尋問では何をすればよいかを考えながら進められるとよりよいでしょう。

8-1 批判的思考

1 批判的に考えよう

「批判的」ということばから，対象の欠点を並べあげるような否定的なイメージをもつ人もいるかもしれませんが，ここでいう「批判的思考」とは，対象をより正確に眺め，妥当性を判断する思考の方法です。つまり，対象を無批判に受け入れるのではなく，問題点はないか，妥当かを考えるのです。ディベートでは，相手や自分たちのロジックを，客観的に眺め，問題点を探し出したり，他の可能性を探ったりする際に必要な思考の方法です。

第7章で，反駁をするためにどのように相手の三角ロジックを崩すかを学びましたね。△が成立していない場合には，どこに問題があるかを指摘し，「①そうではない（△はまったく成り立っていない）」「②必ずしもそうではない（△は成り立たない場合がある）」として三角を崩しました。△ができている場合は，「③関係ない」「④重要ではない」「⑤解決可能」として相手の三角を弱くしました。

第8章では，反駁に進む前に，尋問で確認すべきことを見つけるために，三角ロジックを使います。その際に，「批判的に考えよう」という意識がより重要になります。ディベートの試合では，相手の立論と自分たちの尋問の間にグループで話し合える「作戦タイム」がありましたね。この時間には，第7章で学んだ方法を活用して反駁のポイントを絞り，第8章で学ぶ方法

を活用して尋問で具体的に何を聞くか決めます。尋問で探りを入れ，相手の問題点・弱点をしっかり見極めて，反駁に進むことができれば，より確実な攻撃になります。逆に，尋問をされる立場のほうは，尋問で聞かれた点に関して攻撃されるだろうと予測し，準備することができます。思いもよらないところを突然攻撃されると，ダメージは大きいものですが，心の準備ができていれば，衝撃を最小限に食い止めることができるかもしれません。そのため，尋問・応答を行う人だけではなく，他のディベーターも全力で耳を傾けなければなりません。

以下では，まず，三角ロジックを見て，問題点を見つけ，それを確認するための尋問を考える練習をします。そして，「立論→尋問・応答→反駁」までの流れを見通しましょう。

2 批判的思考の三つのstep：立論から反駁まで

批判的思考を養うために，まず日常的な場面の会話を見て考えましょう。以下のアカザワ君のロジックに問題はないでしょうか。クロカワさんは何と言うでしょうか。「あ，じゃあ，あたしもディベート入門取ろうかな」では，批判的思考をまったく使っていませんね。一見，三角は成り立っているようですが，批判的にみると，どこに問題がありそうですか。

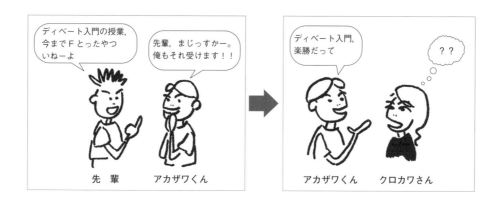

アカザワ君の考えを三角ロジックにしてみると，

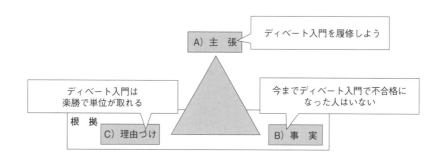

上の図を見ながら，【step 1～3】の3段階に分けてアカザワ君のロジックが妥当かどうかを考えましょう。アカザワ君が言っていることには問題点がありますが，どこが怪しいですか（批判的思考【step 1】：問題点の発見）。それはどうして怪しいのですか（批判的思考【step 2】：問題点の明確化）。何を確認すればよいですか（批判的思考【step 3】：問題点の解決→質問として実行）。

【step 1】：問題点の発見「どこが怪しい？」
【step 2】：問題点の明確化「どうして怪しい？」
【step 3】：問題点の解決「何を聞く？」

　【step 1】では，まず，「楽勝で単位が取れる」ということに「本当？」と思うかもしれません。それは，「今までディベート入門で不合格になった人がいない」という事実に何か物足りなさを感じ取ったからです。でも，それはアカザワ君に「本当に？」と聞いても，「うん，本当。だって，今までＦとったやついないって先輩が言ってたもん」と返ってくるでしょう。それ以上聞いても，水掛け論になりそうです。よって，あなたが明確にすべき点は，「先輩の言っていることは本当か？」ではなく，ディベート入門という授業に関してたくさんある「事実」の中から，この一つを選んでよいのか，またはこの一つだけで十分なのかについてです。

　【step 2】では，先輩の言う事実「今までディベート入門で不合格になった人はいない」は，アカザワ君の主張を強力に支える根拠となりうるでしょうか。ここで特に注目すべきことばは，「今まで」です。「これから」も続くのでしょうか。それは，「今まで」についての事実だけでは確実ではありませんね。

　【step 3】では，どのような点を確認（質問）すればよいでしょうか。質問すべき点は，先生，授業内容，試験など，いろいろありそうですね。

　さて，ここまで考えたことをディベートに置き換えて，アカザワ君への「尋問」「反駁」をするとしたら，どうなるでしょう。尋問に対する応答も含めて，立論から反駁までの流れを想像してみましょう。

　次頁の【パターンＡ：尋問がそのまま反駁につながる】【パターンＢ：尋問1・2では反駁に進めない】の尋問1は同じですが，応答1によって，その後の議論の流れが変わっています。このように，尋問する側は，相手の答えを聞くまでは，「攻撃（反駁）へＧＯ！」となるか「Stop！」となるかわかりません。【パターンＡ】では，応答1によって攻撃に進めそうだとわかり，応答2によって攻撃できることが確実になりました。ところが，【パターンＢ】では，応答1によって想定していた攻撃（今年も同じ状況とは限らない）が無効である可能性が高まり，応答2によって完全にその攻撃は無効だとわかりました。そこで，尋問3では違う攻撃にかかわる点を聞いています。したがって，作戦タイムでは，チームで話し合いをして，いくつかの反駁と，それに関連する質問を考えておかなければ，有効な尋問をすることは難しいのです。

第8章 尋問の仕方

【立　論】
「ディベート入門を履修すべきだ【主張】。なぜなら，ディベート入門は楽勝で単位が取れる【理由づけ】からだ。先輩の話によると，今までディベート入門で不合格になった人はいない【事実】。つまり楽勝科目だ【理由づけ】からディベート入門を履修すべきだ【主張】」

【作戦タイム】
「問題点はどこ？」「本当に問題点なのかを確認するために何を聞く？」などを考える。

	【パターンA：尋問がそのまま反駁につながる】		【パターンB：尋問1・2では反駁に進めない】
尋問	尋問1：「今年もこれまでと同じ先生ですか」 **応答1：「たぶんそうです」** 尋問2：「確認しましたか」 応答2：「いいえ。確認はしていません」	尋問	尋問1：「今年もこれまでと同じ先生ですか」 **応答1：「はい，そうです」** 尋問2：「それは，何で確認しましたか」 応答2：「シラバスを見ました」 （あっ！　この点では反駁できない。じゃあ，他の質問をしなきゃ。えーっと） 尋問3：「出席管理はどんな方法ですか」 応答3：「毎回，出席カードを書きます」 …………
反駁	「これまでのディベート入門は楽勝だったのかもしれませんが，今年も同じ先生とは限りません。アカザワ君はそのことを確認していません。事実が確認できていない以上，これまで不合格の人がいなかったことを，今年の場合にあてはめて考えることはできません。今年の状況とは関係ないといえます」 ＊反駁の型③	反駁	…………

《練習 8-1》ロジックの問題点を考えよう（約 10 分）

練習ディベートの論題「日本は死刑制度を廃止すべきである」で，どのような尋問ができるか，考えてみましょう。以下の図は，第 7 章の《練習 7-2》（☞ p.37）でみた三角ロジックです。

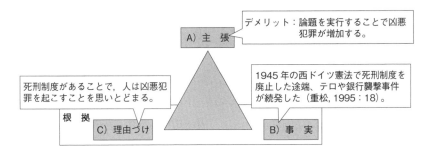

上の図を見ながら，具体的に，①どこに問題がありそうか（【step 1】：問題点の発見），②それが本当に反駁できる弱点なのかを確認するには尋問で何を聞いたらよいか（【step 2】：問題点の明確化，【step 3】：問題点の解決）を考えてください。

①＿＿＿

＿＿

②_____

③②の尋問の応答を想定後、反駁するなら、どのように言いますか。それは五つの反駁のタイプのどれですか。

_____

　尋問は、相手を追い詰め、困らせるような攻撃的な問いかけというより、自分たちが議論を進めるにあたって必要な情報を得るための冷静な問いかけという側面が強いです。
　三角ロジックの問題点を見つけたあとに、具体的にそれを尋問でどう聞けばよいか、つかめたでしょうか。相手の弱点を見破り、反駁に突き進む力強さだけでなく、尋問で攻撃の準備をして確実に進む冷静さももてると、議論のつながりがよりよくなります。

8-2　尋問と応答

　ここまで批判的思考を使って、相手のロジックの眺め方と崩し方を学んできました。以下では、実際の尋問と応答のルールを確認しましょう。

《尋問の目的》
❶相手側立論の不明な点を確認して、明らかにする
❷反駁に進むために必要な情報を引き出す

《全体の注意点》
❶主導権は尋問側にあり、応答側は質問されたことにのみ答える
❷尋問側、応答側、共に簡潔に話すことを心がける
❸尋問を一方的に複数並べるのではなく、「尋問1→応答1、尋問2→応答2」と進める

　では、さらに具体的に、適切な尋問と応答はどのようなものかを、以下の練習で考えましょう。

《練習8-2》尋問と応答の問題を指摘しよう（約5分）
　次の尋問と応答の問題点は何ですか。どのようにすればよい尋問と応答になるでしょうか。

論　　題：	日本は死刑制度を廃止すべきである。
肯定側立論：	メリットは冤罪による死刑執行を回避できることです。なぜなら、死刑を実行すると、冤罪が発覚しても命を取り戻せないからです。
否定側尋問①：	冤罪は年に何回ぐらい発生していますか。
肯定側応答①：	2％ぐらいだと思います。
否定側尋問②：	ああ、そうですか。わかりました。では次に……

第 8 章　尋問の仕方

	肯定側の応答の問題点：
⇒	改善案：

	否定側の尋問の問題点：
⇒	改善案：

《練習 8-3》尋問と応答の問題点を指摘し，反駁を考えよう（約 5 分）

次の尋問の問題点を考えてください。

論　　題：	X 大学は最寄駅とキャンパス間の無料スクールバスを運行させるべきである。
肯定側立論：	［メリット］……… みんなが平等にバスに乗れることです。 ［理由づけ］……… 無料だからです。 ［事　　実］……… お金のない人は駅から 20 分歩いてきています。バス代は 250 円です。
否定側尋問①：	スクールバスを運行させると学費が上昇するのではないですか。
肯定側応答①：	いいえ，学費は上昇しません。X 大学は学費が他校より高いからです。
否定側尋問②：	そうですか。わかりました。では次に……

	肯定側の応答の問題点：
⇒	改善案：

	否定側の尋問の問題点：
⇒	改善案：

改善後の尋問と応答につながる否定側の反駁を考えてください。

	否定側の反駁：
⇒	

8-3 「サーブ・レシーブ＆アタック」ディベート

ここまで，立論から反駁までの流れを見通して，尋問の練習をしてきました。仕上げとして，「サーブ・レシーブ＆アタック」ディベートで尋問と応答の実践練習をしましょう。「サーブ」が立論，「アタック」が反駁でしたね。「レシーブ」は尋問です。相手の立論に対して尋問を行い，反駁につなげましょう。

> 《練習 8-4》「サーブ・レシーブ＆アタック」ディベートをしよう（約 20 分）
> ▶使うもの：《宿題 7-1, 7-2》（☞ p.42），レコーダー
> ▶進め方
> ①立論をする人（X）と，尋問・反駁をする人（Y）を 1 人ずつ決めてください。
> ②章末の「サーブ・レシーブ＆アタック」ディベートのフォーマットを使って，ディベートをしてください。
> ※録音をしてください。今回の宿題をするときに使います。

前回行った「サーブ・アタック」ディベートと比べて，立論・反駁の完成度はどうでしたか。また，立論のあとに，尋問と応答を行ったことで，議論のつながりが実感できたでしょうか。尋問は他のスピーチと比べて，1 人で話す量が少ないので，簡単に思えるかもしれませんが，尋問の時間を有効に使おうとすると，そう簡単でもありませんね。尋問は，反駁につなぐ役割があるので，議論の流れを作り出す要といえます。確実なレシーブが，アタックにつながり，相手への鋭い攻撃になります。つまり，尋問を確実に行うことが議論の流れ全体をよりよいものにするのです。

では，今回の経験を振り返りつつ，次の宿題をしてください。

> 《宿題 8-1》立論から反駁までを修正しよう
> ▶進め方
> ①担当している立論を再度検討してください。
> ②予想される尋問と，それに対する応答を加筆してください。
>   尋問とつながった反駁となるよう，前回の《宿題 7-1, 7-2》（☞ p.42）を修正してください。
>   ※《練習 8-4》の録音を利用してください。
>   ※資料を使って反駁ができるとよいでしょう（いずれにしろ，反駁用の資料は後日必要となります）。

最後に，作戦タイムも含めて，ディベートの流れと時間配分を確認しておきましょう。次頁のディベート進行表を見てください。①～⑧のスピーチは各 4 分で，スピーチの間に入る作戦タイムは各 2 分です。②の否定側尋問のあとは一般的に，作戦タイムがありませんが，この教科書ではフローシート記入のための時間を 1 分設けています。

《試合用ディベート進行表》

	肯定側	否定側
1	①立　論《4分》	
2	作戦タイム《2分》	
3		②尋　問《4分》
4	※フローシート記入《1分》	
5		③立　論《4分》
6	作戦タイム《2分》	
7	④尋　問《4分》	
8	作戦タイム《2分》	
9		⑤第一反駁《4分》
10	作戦タイム《2分》	
11	⑥第一反駁《4分》	
12	作戦タイム《2分》	
13		⑦第二反駁《4分》
14	作戦タイム《2分》	
15	⑧第二反駁《4分》	

↓時間の流れ

（45分）

　第8章までで、立論から第一反駁（①～⑥）の仕方を学び、ミニディベートを行いました。どのスピーチで、どんなことをどのように述べるか、具体的にイメージできたでしょうか。第二反駁（⑦・⑧）の仕方は、第10章で学びます。

　第8章では、批判的思考のトレーニングを行いました。三角ロジックを使って、批判的にロジックを眺め、尋問の仕方を学び、実践練習もしました。三角ロジックを使った思考に慣れ、活用できるようになれば、ディベートはもちろん、その他の形の議論などさまざまな場面で役に立ちます。第9章では、さらに批判的思考を使って、これまで準備したメリット・デメリットのロジックを整えます。

第8章の授業目標達成度

今回の授業の目標はどれぐらい達成できましたか。
○（できた），△（まあまあ），×（できなかった）を記入してください。

	自己評価（○△×）
相手や自分の思考を批判的に眺め，指摘する力をつける	
尋問から反駁へとつながる議論の流れがわかる	
相手の問題点に関して尋問し，反駁の準備ができる	

《「サーブ・レシーブ&アタック」ディベートの例》

【立論例】
これから**肯定側立論を始めます**。**肯定側**は「**日本は死刑制度を廃止すべきである**」**と主張します**。次に論題を実行することで起こるメリットを1点述べます。メリットは「**冤罪による死刑の執行の回避**」です。**なぜなら**，慎重に行われているはずの死刑に関する審判でも，誤判が起こる可能性は完全に否定することはできないからです。弁護士の小川原優之（おがわらゆうじ）の2015年の著書によると，日本では死刑が確定した後に再審によって無罪となった事件が4件あります。**つまり**，誤判が起こる可能性は今後もなくなりません。死刑は取り返しのつかない刑罰なのです。よって冤罪で執行されることを回避しなければなりません。**以上のことから，肯定側は「死刑制度を廃止すべきである」と強く主張します。これで肯定側立論を終わります。**

【反駁例】
肯定側はメリットに「冤罪による死刑の執行の回避」を挙げました。しかし，それは重要ではありません。なぜならば，肯定側が主張する冤罪が，現時点で発生した事件に対する裁判で起こる可能性は非常に小さいからです。確かに，肯定側が証拠資料として挙げた4件の冤罪は発生しました。しかし，これらはすべて1940〜50年代に起こった事件なのです。中央大学大学院法務研究科教授の椎橋隆幸（しいばし たかゆき）**は**，誤判の危険性を減らす手続的な方策は充実してきており，差別的な捜査や裁判を監視する制度も創設されてきている**と述べています。つまり**，現在においては，冤罪の発生の可能性が極めて低いため，冤罪を回避するという目的で死刑を廃止する必要性はないのです。

《「サーブ・レシーブ&アタック」ディベートのフォーマット》

【X 立論】：
これから［肯定・否定］側立論を行います。
［肯定・否定］側は，__論 題__ べきで［ある・ない］と主張します。
論題を実行することで起きる［メリット・デメリット］は1点あります。
［メリット・デメリット］は __主 張__ です。なぜなら __理由づけ__ からです。
［〈肩書き〉の〈著者名〉・〈機関名〉］ によると， __事 実__ 。
［つまり・このように］ __理由づけ__ から __主 張__ 。
以上のことから，［肯定・否定］側は， __論 題__ べきで［ある・ない］と強く主張します。
これで［肯定・否定］側立論を終わります。

【Y 尋問】：
これから［否定・肯定］側尋問を行います。

情報確認
・［メリット・デメリット］をもう一度言ってください。………………※聞き取れなかった，確認したい場合
・今よりどれくらい［良く・悪く］なるのですか。具体的な数字を教えてください。……………※言わなかった場合
・〜と言いましたが，根拠を教えてください。………………………………………………※言わなかった場合
・証拠資料の著者の肩書きを教えてください。………………………※聞き取れなかった，確認したい，言わなかった場合
・証拠資料の［出典・日付・著者］をもう一度言ってください。……………………※聞き取れなかった，確認したい場合
・証拠資料の中にある数字を，もう一度読み上げてください。…………………………※聞き取れなかった，確認したい場合

詳細要求
・どういう意味？………………………【定 義】例：「基本的人権」とはなんですか。
・いつ？………………………………【時 間】例：その4件の冤罪はいつごろ発生したのですか。
・どこで？………………………………【場 所】例：その調査はどこの国で行われたものですか。
・だれが？………………………………【主 体】例：被害者の基本的人権を守らなかったのは誰ですか。
・どのように？…………………………【方 法】例：死刑判決はどのようにくだされるのですか。
・なぜ？…………………………………【理 由】例：なぜ国民は厳罰化を望んでいるのですか。
・他ではどうか？………………………【比 較】例：死刑を廃止した国で，凶悪犯罪が増加しましたか。
・これだけか？…………………………【一般化】例：基本的人権は被害者以外にも認められているのではないですか。[1]

強制終了
・（答えが長い場合）そこまでで結構です。
・（すぐに答えられない場合）すぐわからなければ結構です。
これで［否定・肯定］側尋問を終わります。

【Y 反駁】：
これから［否定・肯定］側反駁を行います。
［肯定・否定］側は［　　　］と言いましたが，［それは違います・必ずしもそうではありません・それは関係ありません・それは重要ではありません・それは解決可能です］。なぜなら，＿＿＿＿からです。
以上のことから， __論 題__ べきで［ない・ある］と［否定・肯定］側は主張します。
これで［否定・肯定］側反駁を終わります。

---

[1] 反駁につなげるために重要な項目は詳細要求であり，情報確認と強制終了は必要なければ使わなくても構いません。情報確認は，基本的には提供されるはずの情報が欠けていて，あるいは聞き取れなくて，確認しなければ議論が進めにくい点に絞って行います。情報確認ばかりだと反駁につながる尋問になりません。

第9章　ロジックの検討

第9章の授業目標
・思考停止の罠の存在を知る
・素早く考え，反駁につながる尋問ができるようになる
・素早く考え，反駁・再反駁できるようになる
内　　容
1. 思考停止の罠（落とし穴）の認識
2. 加筆修正した立論から反駁までの内容の共有
3. 立場（肯定側・否定側）決定
4.「全員が敵」ディベート

　第6章から第8章まで，三角ロジックを使って，論理的な主張の仕方・反駁の仕方・尋問の仕方を学びました。さらに，毎回グループ内で話し合いを行うことで論理的思考力・批判的思考力を鍛えてきました。

　第9章では，第8章で学んだ批判的思考をさらに発展させるために，三角ロジックの落とし穴を回避する思考のトレーニングを行います。次に，宿題を共有し，批判的に検討します。それから，「全員が敵」ディベートを行います。ここでは，グループ外の人にも自分たちが組み立てた立論を披露し，そしてそれに対して全員から尋問や反駁をしてもらい，それを受けて再反駁を行います。この活動の目的の一点目は，他のグループの学生からも尋問や反駁を受けることにより，自分たちでは気づかなかったロジックの隙に気づき，検討し直すヒントを得ることです。二点目は，尋問や反駁を行う学生が，他のグループの立論を聞くことで，三角ロジックを客観的かつ批判的に見る目を養い，その問題点を指摘することです。

9-1　思考停止の罠

　ここでは，批判的思考をさらに発展させ，誰もが陥りがちな三角ロジックの落とし穴を二つ覗いてみましょう。どんな落とし穴があるかを知っていれば，避けることができますし，逆に相手が陥りがちな穴も推測しやすくなります。

1　落とし穴1

①落とし穴1-1：みえない第3点

　人は，二つの物事があると，その二つを関係あるものとして結びつけようとする傾向があります。そのほうが，その二つの存在に対する気持ちが落ち着くからです。自分なりに納得できれば，なぜだと頭を悩ませることもないので，無駄に考えずにすみます。三角ロジックに当てはめて考えてみると，三角の2点があると，残りのもう1点を自分の解釈でつけ加えて納得するということです。たとえば，第6章でみたように，主張「牛丼を食べに行こうよ」，事実「今日は雨だ」の2点だけで，3点目の理由づけ「雨の日は100円安い」を言わない場合もあります。主張する人とそれを聞く人の間で理由づけが共有されている場合は，2人は同じ3点目が

みえているので問題がありません。でも，聞く人に違う3点目がみえている場合，話し手とは理解し合えていないことになり，また，何もみえずに迷っている場合は，主張を受け入れることができません。この，みえない（言わない）けど実は存在している第3点が大きな落とし穴になります。これは，あるはずの点がみえていないからこそ，それを補おうとしてみえてきてしまう点で，錯覚のようなものです。では，日常的な会話の例で，批判的思考を使って，第3点の錯覚のトリックを明らかにしましょう。

◎落とし穴状況1

いつもは大食いのクロカワさんが「今日はサラダだけでいいや」と言っています。シロタさんは，驚いて，とっさに理由を推測しました。どんな理由でしょうか。

シロタさんが推測したクロカワさんの考えを三角ロジックにしてみると

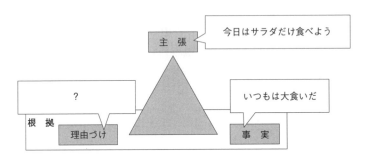

理由づけが「？」でみえないので，みなさんもいくつか思いついたのではないでしょうか。周りの人と，どんな理由づけがあるか，話してみてください。

理由づけ1：＿＿＿＿＿＿＿＿＿＿＿＿＿＿＿＿＿＿＿＿＿＿＿＿＿＿＿＿＿＿＿から

理由づけ2：＿＿＿＿＿＿＿＿＿＿＿＿＿＿＿＿＿＿＿＿＿＿＿＿＿＿＿＿＿＿＿から

理由づけ3：＿＿＿＿＿＿＿＿＿＿＿＿＿＿＿＿＿＿＿＿＿＿＿＿＿＿＿＿＿＿＿から

どんな理由づけがありましたか。理由づけをいくつも思いつくことができるのは，多角的な視点で三角ロジックを作れるという意味ではよいことです。でも，ここではさらに一歩進んで批判的に考えてみましょう。

　いくつも理由づけができるということは，その中に妥当ではないものがあるだろうということです。直感的に，「あ，理由づけはこれに違いない」と決めつけたら，穴にはまります。「落とし穴1」は，直接みえない1点についての安易な推論と決めつけによって生じます。そして，落とし穴1の最も恐ろしいところは，あまりに簡単にすとんと落ちてしまうと，穴にはまっている状態に気がつかないことです。つまり，みえない1点をみえたと信じ込み，思考が停止して確認しようとさえ思わなくなっている状態です。立論を一度作って，もうこの三角ロジックで完璧だと思考を停止してしまうと，この落とし穴にはまってしまい，自分では気づけず，しかし，相手には気づかれて穴から出られないようにされてしまうかもしれませんね。それほど思い込みや，思考停止は恐ろしいことなのです。考えることをあきらめたとたんに，誰でも落とし穴に落ちてしまうことがあります。

　では，みなさんが考えた理由づけのうち，妥当なものはあるのでしょうか。もちろん，実際の会話では，「え，どうしてサラダしか食べないの」と聞いて答えてもらう方法がありますが，ここは，思考のトレーニングを行うところです。直接理由を聞く以外にはどんな方法があるでしょうか（ディベートの試合では，尋問以外は質問できません）。では，三角のもう1点，「事実」に注目してみましょう。

②落とし穴1-2：落とし穴1からの脱出→再び落とし穴

◎落とし穴状況2
　午後の休み時間に，シロタさんはクロカワさんが昨日ペットが死んでしまったと話しているのを聞きます。下の絵に沿って，もう一度，理由づけの部分を考えてください。

状況1（昼休み）

状況2（午後の休み時間）

状況2でシロタさんが推測した三角ロジック

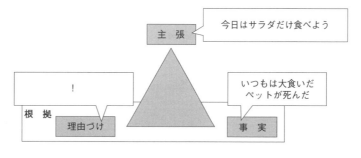

理由づけ：＿＿＿＿＿＿＿＿＿＿＿＿＿＿＿＿＿＿＿＿＿＿＿＿＿＿＿＿から

状況2では，状況1に加えて，クロカワさんのペットが死んだという事実が新たに加わっています。それにより，理由づけがはっきりみえてきたように感じます。たとえば，「（ペットを失った）悲しみのせいで食欲がない」という理由づけが出てきたのではないでしょうか。新しい事実が追加されたことによって，クロカワさんの主張「サラダだけ食べよう」に対して，より妥当だと思える理由づけができたことになります。つまり，複数の事実に着目することによって，正しい理由づけに近づくことがあるのです。立論のロジックを考えるときも，事実として複数の資料を準備しましたね。

では，ここで落とし穴1が回避できたので，もう大丈夫でしょうか。もう少し考えを進めましょう。みなさんが落とし穴1で考えた他の理由づけはどうでしょうか。たとえば，状況3でクロカワさんが「ペットの葬儀代にたくさんお金を使っちゃった」と言っていたら，どうでしょうか。「ペットの葬儀代は高い」が新たな事実として加われば，他の理由づけ（「お金がない」「節約している」）が出てきますね。その場合は，状況2で妥当だと考えた「悲しみのために食欲がわかない」という理由づけは揺るぎます。強固なロジックを作るためには，多角的な視点で繰り返しそのロジックを眺めることが必要です。

以上，大きな目立つ落とし穴だけに気を取られていては，小さな落とし穴に足を取られるかもしれないというのが，落とし穴1-2でした。では，次は違うタイプの落とし穴をみてみましょう。

2　落とし穴2：はっきりみえる三角

クロカワさんは最近よく黒い服を着ています。シロタさんはどんな推測をしていますか。

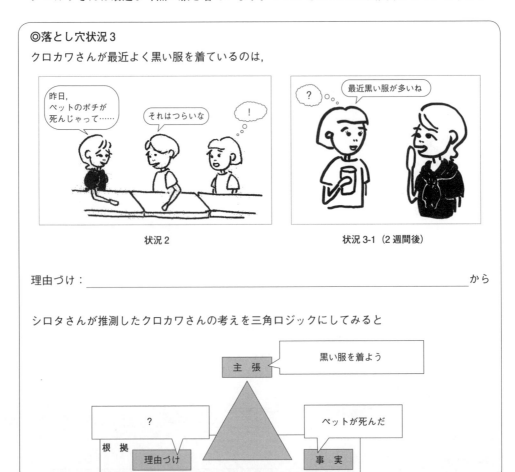

どんな理由づけが出てきましたか。「落とし穴1-1」で考えた【主張：今日はサラダだけ】【事実：いつもは大食い】【理由づけ：？】では，理由づけがいくつも出たと思いますが，ここでは，みなさんはあまり迷うことなく同じような理由づけを思いついたのではないでしょうか。それは，「服装の変化」と「ペットの死」という二つの出来事が同じ時期に起こっているために，より強い結びつきがあるように感じられるからです。しかし，またここで落とし穴です。以下の状況3-2を見てください。

状況3-1

状況3-2

　状況3-2を見て，みなさんが先ほど考えた理由づけが修正されましたね。クロカワさんのことばを聞いて，シロタさんは「え？　そうだったの？」と，三角ロジックを修正することになります。

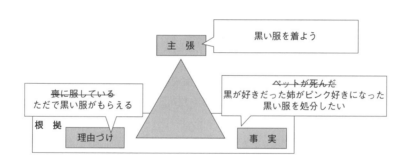

　理由づけが簡単にできたはずが，結局，事実も理由づけも入れ替え，三角を作り直しました。落とし穴1のところでは，人は二つの物事があると，因果関係がわかりにくくても，それを関連づけようとする傾向があるため，3点目を自分の解釈で付け加えてしまう例を示しました。でも，落とし穴2では，二つの点に因果関係があるかのようにみえ，3点目の理由づけを簡単に思いつく例でした。こちらのほうが，うっかりはまりやすい落とし穴かもしれません。
　もちろん，推測した3点目が正しいこともありますが，その「正しさ」は本当なのかと自分自身に問う気持ちが「批判的思考」です。
　ここまで，三角ロジックを批判的にとらえることによって，尋問する際の考え方，陥りやすいロジックの落とし穴をみてきました。では，批判的思考を使って，自分たちが練り上げてきた立論・尋問・反駁をさらに磨きあげましょう。

9-2 「全員が敵」ディベート

「全員が敵」ディベートの前に，まず，グループで宿題を共有し，準備を行います。これまで，肯定側と否定側両方の立場から立論・尋問・反駁を検討してきましたが，ここで立場を決め，以降はその立場で試合の準備を進めていきましょう。

《話し合い9-1》収集した資料の共有と「全員が敵」ディベートの準備をしよう（約20分）
▶進め方
①試合ディベートのグループになり，《宿題8-1》（☞ p.52）の加筆・修正した部分を説明してください。
②①について協議をしてください。
※立論はさらに修正の必要な部分がないか，また，予想される尋問や反駁は他にないか。
※立論や反駁で追加すべき資料がないか。
③メリットとデメリットを強い順に並べ，それぞれ上位二つを選んでください。
④同じ論題を選んだ2チームの間で，肯定・否定を決めてください。
⑤メリット，またはデメリット2点について，立論を述べる担当者（2人）を決めてください。
※「全員が敵」ディベートではメリット，デメリット1点ごとに，立論・尋問・反駁を行います。
▶「全員が敵」ディベートの流れ：
・立論（メリット1 or デメリット1）→尋問→反駁→再反駁
・立論（メリット2 or デメリット2）→尋問→反駁→再反駁

これから，「全員が敵」ディベートをします。このディベートでは，立論を述べる学生以外の全員（同じグループの人，他のグループの人）が敵となり，立論に対して尋問と反駁を行います。立論担当の学生は，尋問と反駁を受け，再反駁を行います。敵となる学生は，何を尋問するか（☞第8章），そして尋問で引き出した応答を利用してどう反駁をするか（☞第7章）を考えながら，立論を聞いてください。

ここで，もう一度，第7章で学んだ五つの反駁の方法をみておきましょう。立論で提示された三角ロジックを認めないで反駁する場合（①・②）と，認めて反駁する場合（③・④・⑤）がありましたね。認めない場合の反駁方法は，「①そうではない（△はまったく成り立っていない）」「②必ずしもそうではない（△は成り立たない場合がある）」でした。認める場合の反駁方法は，「③関係ない（論題には直接関係ないとして，△を隅に追いやる）」「④重要ではない（全体からみると影響は小さいとし，△は小さいと判定する）」「⑤解決可能（問題となっている状況は他の方法で解決できるとし，立論の△を自分の△で塗りつぶす）」でした。

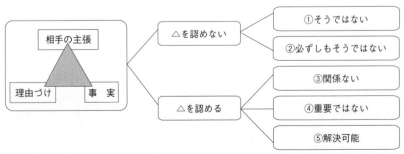

図9-1 反駁の型（図7-1再掲）（中野（2010：41）より改変）

「全員が敵」ディベートで敵になった学生は，立論を聞きながら，先の五つの反駁の型のどれが使えそうかを考えてください。その反駁を行うために，尋問で何を聞くべきなのかも考えなければなりません。試合では，相手の立論後の作戦タイムにチームで話し合って尋問や反駁について決めますが，この「全員が敵」ディベートでは，今回は1人で考え，尋問も反駁も行います。

《練習 9-1》「全員が敵」ディベートをしよう（20分×2回）

▶使うもの：《宿題 8-1》（☞ p.52），白紙のフローシート，レコーダー

▶進め方

① 右の図のように，異なる論題のグループと組んで，論題A+論題B班を作ってください。この班で，「全員が敵」ディベートを行います。

　※宿題に使うので，各自自分のグループのディベートを録音する。

　※できるだけフローシートにメモをしながら，参加する。

② 《話し合い 9-1》（☞前頁）で決めた，担当の立論を述べてください（1～2分）。

　※「全員が敵」ディベートのフォーマットを利用する（章末参照）。

　※立論を担当するときは，自分以外全員が敵となる（同じ論題のグループの人も，敵（聞き手）となる）。

③ 立論が終わったら，できるだけ聞き手全員が尋問し，話し手はそれに答えてください（2分）。

④ 尋問が終わったら，③と同様に多数の反駁を行ってください（2分）。

　※尋問で引き出された答えを使いながら話す。

⑤ 立論担当者は，出された反駁に一つずつ再反駁してください（2分）。

⑥ 次の立論担当者に替わり，②～⑤を繰り返してください。

　※論題Aが終わったら，論題Bに移る。

論題A 肯定側	論題B 否定側
論題A 否定側	論題B 肯定側

同じグループ　他のグループ

「全員が敵」ディベートはどうでしたか。立論担当者は，全員を敵に回して戦うことで，自分が組み立てた立論の弱点に気づき，そして，資料をさらに収集することや，再反駁のロジックを検討することの必要性を感じたのではないでしょうか。さらに，立論担当者の敵に回って尋問や反駁をしたことで，相手の立論の弱点を見つけ，その弱点に対して効果的に反駁するための尋問を行うという一連の流れを体験し，理解が深まりましたね。

ここまでのディベートや準備から，みなさんが披露し合ったメリット・デメリットの中には，強固なロジックができているもの・強固にするのが難しそうなもの・まだ強固になるかわからないもの・もう少し手を加えれば強固になりそうなものがあることに気づきましたね。自分たちのそれぞれのメリット・デメリットは上記のどれに当てはまりそうですか。

《話し合い 9-2》試合で使うメリット・デメリットを決めよう（約5分）

▶進め方

① 試合ディベートのグループになり，今回の「全員が敵」ディベートから判断して，改めて三つのメリットとデメリットに優劣をつけてください。

② メリットとデメリットを試合用に二つに絞ってください（相手の立論の予測も含む）。

今回の宿題は二つあります。一つは，第9章での「全員が敵」ディベートで得た気づきをもとに立論を修正することで，もう一つは，今回のディベートをもとに予想フローシートを作成してディベートの全体像を確認することです。第10章では，これらの宿題を使った1対1ディベートを行います。

《宿題9-1》立論を完成させよう

① グループで決めた二つのメリット，またはデメリットを使い，立論全体を完成させてください。
　※分担の仕方はグループで決めてください。
　※立論は章末のフォーマットを利用してください。
　※グループで共有できるように，次回の授業に持ってきてください。

《宿題9-2》予想フローシートの作成をしよう

① 「全員が敵」ディベートの録音データを参考にして，フローシートに肯定側・否定側両方の立論・尋問・第一反駁・第二反駁で予想される議論を記入してください。
　※メリット・デメリット各二つの分担の仕方はグループで決めてください（例：Aさん→メリット1の立論〜第二反駁）。
　※尋問と反駁につながりのある議論にしましょう。
　※資料を使って反駁をするようにしましょう。
　※グループで共有できるように，次回の授業に持ってきてください。

第9章では，自分や相手のロジックの弱点に気づくことが目標でした。今回，初めて再反駁を行ったので，戸惑いを覚えた人もいるかもしれませんが，再反駁については，第10章で詳しく扱います。

今回の宿題は，自分のロジックに隙がないかを検討し，磨きをかけることが目的です。第10章での学びにつなげるためにも，じっくりと取り組んでください。

第9章の授業目標達成度	
今回の授業の目標はどれぐらい達成できましたか。○（できた），△（まあまあ），×（できなかった）を記入してください。	
	自己評価（○△×）
思考停止の罠の存在を知る	
素早く考え，反駁につながる尋問ができるようになる	
素早く考え，反駁・再反駁できるようになる	

第 9 章　ロジックの検討　63

《「全員が敵」ディベートの例》

【立　論　例】

これから肯定側立論を始めます。**肯定側は「死刑制度を廃止すべきである」と主張します。次に論題を実行することで起こるメリットを1点述べます。メリットは「冤罪による死刑の執行の回避」です。なぜなら**，慎重に行われているはずの死刑に関する審判でも，誤判が起こる可能性は完全に否定することはできない**からです。証拠資料を引用します。**弁護士の小川原優之（おがわら ゆうじ）の 2015 年の著書**によると**，日本では死刑が確定した後に再審によって無罪となった事件が 4 件あります。**つまり**，誤判が起こる可能性は今後もなくなりません。死刑は取り返しのつかない刑罰なのです。よって冤罪で執行されることを回避しなければなりません。**以上のことから，肯定側は「死刑制度を廃止すべきである」と強く主張します。これで肯定側立論を終わります。**

【尋　問　例】

質　　問：再審によって無罪となった事件が四つあった**と言いましたが**，いつ発生した事件ですか。
応　　答：えっと，1948 年から，1955 年の間です。
質　　問：現在もそのころと同じ捜査方法がとられていますか。
応　　答：資料はありませんが，まったく同じではないと思います。

【反　駁　例】

肯定側はメリットに「冤罪による死刑の執行の回避」を挙げました。しかし，それは重要ではありません。なぜならば，肯定側が主張する冤罪が，現時点で発生した事件に対する裁判で起こる可能性は非常に小さいからです。確かに，肯定側が証拠資料として挙げた 4 件の冤罪は発生しました。しかし，これらはすべて 1940～50 年代に起こった事件なのです。中央大学大学院法務研究科教授の椎橋隆幸（しいばし たかゆき）**は**，誤判の危険性を減らす手続的な方策は充実してきており，差別的な捜査や裁判を監視する制度も創設されてきている**と述べています。つまり**，現在においては，冤罪の発生の可能性が極めて低いため，冤罪を回避するという目的で死刑を廃止する必要性はないのです。

【再反駁例】

否定側はメリットに対し，現在は冤罪発生の可能性が極めて低く，このことから冤罪回避を目的とした死刑制度の廃止は必要ない**と言いました。しかし，それは**可能性の高い低いの問題ではありません。**なぜなら**，人の命は数字では置き換えることができない**からです。**可能性が低くても高くても可能性が残ること自体が問題なのです。たとえば，5％というのは 100％からみると少ないと感じるかもしれません。しかし，命に係わる薬の効果を考えた場合，5％の人がその薬を飲むことによって命を落としても問題ないといえるでしょうか。**つまり**，多い少ないではなく，あるかないかが問題の核心となるのです。**よって**，可能性が少ないからといって，冤罪で執行される可能性のある死刑制度を継続させることは許されないのです。

《「全員が敵」ディベートのフォーマット》

【X立論】:	
	これから［肯定・否定］側立論を行います。
	［肯定・否定］側は，__論　題__ べきで［ある・ない］と主張します。
	論題を実行することで起きる［メリット・デメリット］は1点あります。
	［メリット・デメリット］は __主　張__ です。なぜなら __理由づけ__ からです。
	__［〈肩書き〉の〈著者名〉・〈機関名〉］__ によると，__事　実__ 。
	［つまり・このように］ __理由づけ__ から，__主　張__ 。
	以上のことから，［肯定・否定］側は，__論　題__ べきで［ある・ない］と強く主張します。
	これで［肯定・否定］側立論を終わります。
【Y尋問】(聞き手が順次以下の質問の型を参考に尋問を行う)	
情報確認	・［メリット・デメリット］をもう一度言ってください。………………………※聞き取れなかった，確認したい場合
	・今よりどれくらい［良く・悪く］なるのですか。具体的な数字を教えてください。………………※言わなかった場合
	・〜と言いましたが，根拠を教えてください。……………………………………………※言わなかった場合
	・証拠資料の著者の肩書きを教えてください。………………※聞き取れなかった，確認したい，言わなかった場合
	・証拠資料の［出典・日付・著者］をもう一度言ってください。…………………※聞き取れなかった，確認したい場合
	・証拠資料の中にある数字を，もう一度読み上げてください。……………………※聞き取れなかった，確認したい場合
詳細要求	・どういう意味？……………………【定　義】例:「基本的人権」とはなんですか。
	・いつ？……………………………【時　間】例: その4件の冤罪はいつごろ発生したのですか。
	・どこで？…………………………【場　所】例: その調査はどこの国で行われたものですか。
	・だれ？……………………………【主　体】例: 被害者の基本的人権を守らなかったのは誰ですか。
	・どのように？……………………【方　法】例: 死刑判決はどのようにくだされるのですか。
	・なぜ？……………………………【理　由】例: なぜ国民は厳罰化を望んでいるのですか。
	・他ではどうか？…………………【比　較】例: 死刑を廃止した国で，凶悪犯罪が増加しましたか。
	・これだけか？……………………【一般化】例: 基本的人権は被害者以外にも認められているのではないですか。
終了 強制	・(答えが長い場合) そこまでで結構です。
	・(すぐに答えられない場合) すぐわからなければ結構です。
	これで［否定・肯定］側尋問を終わります。
【Y反駁】(聞き手が順次以下の反駁を行う)	
	［肯定・否定］側は［メリット・デメリット］に「＿＿＿」を挙げました。
	しかし，［それは違います・必ずしもそうではありません・それは関係ありません・それは重要ではありません・それは解決可能です］。
	なぜなら __理由づけ__ からです。
	(__［〈肩書き〉の〈著者名〉・〈機関名〉］__ によると，) __事　実__ 。
	［つまり・このように］ __理由づけ__ から，__主　張__ 。
【X再反駁】(Y反駁一つひとつに再反駁を行う)	
	［否定・肯定］側は［メリット・デメリット］に対して，「＿＿＿」と言いました。
	しかし，それは ＿＿＿ 。
	なぜなら __理由づけ__ からです。
	(__［〈肩書き〉の〈著者名〉・〈機関名〉］__ によると，) __事　実__ 。
	［つまり・このように］ __理由づけ__ から，__主　張__ 。

第10章　第二反駁(はんばく)の仕方

第10章の授業目標
・第二反駁の構成と役割がわかる
・議論全体の流れを把握できる
内　容
1. 立論の再検討
2. スピーチの役割担当の決定
3. 第二反駁の仕方
4. 1対1ディベート

　第9章では各グループが考えた立論を他のグループに公表し，複数のクラスメートから尋問と反駁を受けました。これまで，話し合いを重ねて準備してきた立論ですが，実際に尋問と反駁を受けると，ことばにつまることもあったでしょう。でも，それによって自分たちの立論の弱点や修正すべき点に気がついたのではないでしょうか。また，他のグループが立論を述べているときは，反駁で攻撃できる相手の弱点はなにか，尋問でそれをどう確認し，反駁につなげるかを具体的に考えましたね。そして，その経験をふまえて，録音データを聞きながら，改めて議論の流れを予想してフローシートを書くことが宿題でした。第10章では，まず，予想フローシートを共有し，議論の流れを見通したうえで，メリット・デメリットの変更も含めて立論を再検討します。次に，第二反駁の構成を学び，最後に，予想フローシートを参考に1対1でディベートを行い，1人ひとりが全スピーチを経験します。

《話し合い10-1》立論を検討し，役割を決定しよう（約30分）
　立論に対して尋問と反駁をしてみると，その立論がどれぐらい強いか，弱いかが明らかになります。前回の《宿題9-2》（☞ p.62）を共有し，反駁と，その準備となる尋問を考えることによって，立論を再検討しましょう。
▶使うもの：《宿題9-2》（☞ p.62），予想フローシート
▶進め方
①試合ディベートのグループになり，メリット・デメリットごとに，《宿題9-2》（☞ p.62）を共有しながら，どの反駁が強そうか，また他にどんな反駁ができそうかを話し合いながら，それらをメモしてください。
②①の反駁をするために，尋問で何をどのように聞いたらよいか（情報確認・詳細要求など）を話し合ってください。
③ここまでの話し合いをふまえて，メリット・デメリット，および立論全体について再検討してください。使用するメリット・デメリットがよくない，反駁されたら何も言えなくなりそうだと思ったら，メリット・デメリットの変更や，ロジックの修正・補強，資料の追加をしてください。
　※今回の《宿題10-2》（予想フローシートの加筆修正）（☞ pp.67-68）につながります。
④試合で担当するスピーチの役割を決定してください。1人が連続するスピーチを担当する

ことはできないので，以下のようになります。

- ・2人のグループ： | ①立論＆第一反駁 | ②尋問＆第二反駁 |
- ・3人のグループ： | ①立　論 | ②尋問＆第二反駁 | ③第一反駁 |
- ・4人のグループ： | ①立　論 | ②尋　問 | ③第一反駁 | ④第二反駁 |

10-1　第二反駁の仕方

　第二反駁は，両チームにとって最後のスピーチになりますが，試合自体は肯定側で終わります。立論は肯定側から始まりましたが，反駁は，第一・第二ともに，「否定側→肯定側」の順で行います。

　第7章で三角ロジックを使って相手の弱点を見破り，反駁をする方法を学びました。第二反駁においても，相手のロジックの弱点を突くことは同じですが，第二反駁では，相手から攻撃されたところを守らなければなりません。また，これで最後のスピーチとなるので，まとめとして相手側と比較すると自分たちが立論で述べたメリット・デメリットが優位であることをしっかり伝えなければなりません。つまり，第二反駁には①「攻撃」，②「守備」，③「総括」の三つの部分があるということです。一般的には，以下の順で述べます。

| ①反駁（相手への攻撃） | ➡ | ②再反駁（自分たちの守備） | ➡ | ③まとめ（総括） |

　まず，①「攻撃をしておいて」，②「自分を守り」，③「強くなった（はずの）自分と弱くなった（はずの）相手を比較しつつ，自分の優位性を示す」という流れです。

　また，肯定側は第一反駁においても，自分たちのメリットを守る再反駁を行います。これまでの活動を通して気がついている人もいるでしょうが，なぜでしょうか。第2章の表2-1「フローシート」（☞ p.10）を見てください。肯定側第一反駁以降の枠には，斜線がなく，すべて書き込みがされていましたね。ディベートは，スピーチの役割と時間は決まっていますが，それまでの議論に対して発言することで進んでゆくという点では，一般的なディスカッションと同じです。否定側の第一反駁で，肯定側への「攻撃」が行われているので，その発言に応じるために，肯定側は第一反駁から，相手への「攻撃」に加え，自分たちの「守備（否定側第一反駁への再反駁）」も行わなければなりません。

　章末に，《第二反駁のフォーマット》（☞ **p.69**）を示しますので，上記の流れを確認してください。その後，「1対1ディベート」を行います。

　フォーマットを見て，「まず，メリットについて述べます」「最後に総括をいたします」「メリットの1点目の_____について」「メリットとデメリットを比較すると」など，そのあと何を述べるかを予告する表現がいくつかあることに気がついたでしょうか。このような表現を用いて，参加者全員にわかりやすくスピーチを進めます。では，これまで学んだスピーチをすべて1人で経験する「1対1ディベート」をしましょう。

10-2　1対1ディベート

《練習10-1》「1対1ディベート」をしよう（約45分）
▶使うもの：記入済み予想フローシート，レコーダー，ストップウォッチ
▶進め方
①試合ディベートのグループの中でペアを作り，肯定・否定に分かれて，図10-1のように向かい合って座ってください。
②フローシートに書き込めるように準備してください（シートは《宿題10-1》で使います）。
③図10-1の進行表に従って，ディベートを始めてください。
　※各自で録音をする（《宿題10-2》で使います）。
　※必要に応じて巻末の全体フォーマットを使ってください。

① 肯定側立論A	4分	作戦タイム（1分）
② 否定側尋問B→A	4分	
③ 否定側立論B	4分	作戦タイム（1分）
④ 肯定側尋問A→B	4分	作戦タイム（1分）
⑤ 否定側第一反駁B	4分	作戦タイム（2分）
⑥ 肯定側第一反駁A	4分	作戦タイム（2分）
⑦ 否定側第二反駁B	4分	作戦タイム（2分）
⑧ 肯定側第二反駁A	4分	

図10-1　1対1ディベート

　第9章までは，ディベートの準備を進めながら，スピーチの一部を練習してきました。今回は，みなさんそれぞれが1人で，すべてのスピーチを行いました。立論は準備していたとおりにできたでしょうか。立論以外は，相手の発言に臨機応変に対応しなければならないので，予想どおりとはいかなかったかもしれませんね。でも，その予測のつかない緊張感や，限られた時間の中で頭をフル回転させるということが，ディベーターにとってのやりがいであり，聞き手である審判にとって面白いところでもあります。緊張感の中で，最後まで1人でやり通した今回のディベートを宿題でじっくり振り返り，さらに力をつけましょう。

《宿題10-1》1対1ディベートのフローシートを完成させよう
▶進め方
①録音データを聞き，今回のディベートのフローシートを完成させてください。
②青字で，よい点に＿＿＿を引き，その理由を書いてください。
③赤字で，要改善点に＿＿＿を引き，改善案を書いてください。

《宿題10-2》予想フローシートの加筆修正をしよう
▶進め方
①今回の話し合いや録音した1対1ディベートを参考に，《宿題9-2》（☞ p.62）で書いた予想フローシートを加筆修正してください。
　※尋問・第一反駁・第二反駁がつながった議論になるようにしましょう。

※できるだけ資料を使って第一反駁・第二反駁を行ってください。
※次回の授業で共有するので,宿題は個人で記入を進めてください。

試合まで,授業はあと2回となりました。次回,第11章では,試合での議論をさらに深められるよう,予想フローシートを共有したうえで修正します。また,わかりやすく話すためのポイントを学びます。

第10章の授業目標達成度	
今回の授業の目標はどれぐらい達成できましたか。 ○(できた),△(まあまあ),×(できなかった)を記入してください。	
	自己評価(○△×)
第二反駁の構成と役割がわかる	
議論全体の流れを把握できる	

《第二反駁のフォーマット：反駁（相手への攻撃）➡ 再反駁（自分たちの守備） ➡ まとめ（総括）》

【第二反駁】

<u>反駁</u>

これから［否定・肯定］側第二反駁を行います。
まず，［メリット・デメリット］について述べます。
［メリット・デメリット］の1点目の_____について反駁します。
［肯定・否定］側は「___」と言いましたが，［それは違います・必ずしもそうではありません・それは関係ありません・それは重要ではありません・それは解決可能です］。なぜなら　**理由づけ**　からです。
（　**［〈肩書き〉の〈著者名〉・〈機関名〉］**　によると，）　**事　実**　。
［つまり・このように］　**理由づけ**　から，**主　張**　。
次に，［メリット・デメリット］の2点目の_____について反駁します。
［肯定・否定］側は「___」と言いましたが，［それは違います・必ずしもそうではありません・それは関係ありません・それは重要ではありません・それは解決可能です］。なぜなら　**理由づけ**　からです。
（　**［〈肩書き〉の〈著者名〉・〈機関名〉］**　によると，）　**事　実**　。
［つまり・このように］　**理由づけ**　から，**主　張**　。

<u>再反駁</u>

次に［デメリット・メリット］について述べます。
［デメリット・メリット］の1点目の_____について再反駁します。
［肯定・否定］側は「___」と言いました。しかし，_____。
なぜなら　**理由づけ**　からです。
（　**［〈肩書き〉の〈著者名〉・〈機関名〉］**　によると，）　**事　実**　。
［つまり・このように］　**理由づけ**　から，**主　張**　。
［デメリット・メリット］の2点目の_____について再反駁します。
［肯定・否定］側は「___」と言いました。しかし，_____。
なぜなら　**理由づけ**　からです。
（　**［〈肩書き〉の〈著者名〉・〈機関名〉］**　によると，）　**事　実**　。
［つまり・このように］　**理由づけ**　から，**主　張**　。

<u>総括</u>

最後に総括をいたします。
メリットとデメリットを比較すると，［デメリット・メリット］のほうが［深刻・重要］です。
なぜかというと，　**相手側の弱点・自分たちの勝っている点**　からです。
以上のことから，メリットとデメリットを比較した場合，明らかに　**論　題**　べきで［ない・ある］と［否定・肯定］側は主張します。
以上で［否定側・肯定側］第二反駁を終わります。

《否定側第二反駁例（一部）》

【再反駁例】

〜。デメリット2の「犯罪抑止力がなくなる」について述べます。**肯定側は反駁で犯罪の抑止力は，殺人しようとする動機がある人だけに働くので，一般の人には関係ないと述べました。しかし，一般の人は殺人に関係ないとは言えません。なぜならば，**実際に殺人まで至らなくとも，死刑制度に抑止されている人がいるはず**からです。**殺人という結果として，現実に表れるのは一部です。人間には強い感情に動かされて犯行に及ぶということもあります。だからこそ，最後の一線を越えないために，死刑制度が必要なのです。国家は，被害者・加害者の両方になり得る国民の命を守り，悲劇的な人生を回避させる方法として，より可能性が高い制度を維持するべきなのです。

【総 括 例】

最後に総括をしたいと思います。メリットとデメリットを比較すると，デメリットのほうが深刻です。なぜかというと，メリ**ットは発生しないからです。**肯定側は，冤罪の可能性について追及していましたが，裁判員制度が導入され，審判の過程がより手厚くかつ慎重になったため，冤罪によって死刑が執行されることはありません。**一方，デメリットは深刻です。**第一に，死刑を望む国民感情が反映されなくなり，一般の人々の総意で形成されるべき社会的制度のあり方が揺らぐ**からです。**第二に，死刑制度を廃止すると犯罪抑止力がなくなり，守られるはずの命が守れなくなる**からです。以上のことから，「日本は死刑制度を廃止すべきではない」と否定側は主張します。以上で否定側第二反駁を終わります。**

第11章 わかりやすい話し方

第11章の授業目標
・相手や審判に意図したとおりに伝わるわかりやすい話し方を知る
・何に注意をしてディベートをすればよいのかを知る
・議論が深められるようになる
内　容
1. わかりやすく話すためのポイント
2. ディベートの規則
3. 試合をうまく運ぶためのヒント
4. 予想フローシートの修正

　第6章から第10章まで論理的思考と批判的思考について学んできました。でも，どんなにロジックがしっかりしていても，みなさんが意図したとおりに相手側に伝えることができなければ，適切な尋問や反駁を受けられず，結局のところ，これまでの努力が無駄になってしまいます。
　第1章では，「ディベートで向上する力」として八つ挙げましたが，そのうちの一つが「口頭表現力」です。本章では，まず，口頭表現力，つまり，相手側や審判に意図したとおりに伝えることができる，わかりやすい話し方について学びます。次に，ディベートの規則と試合をうまく運ぶためのヒントを確認します。スポーツと同様，ルールを守ってこそ気持ちよく試合ができるからです。最後に，試合に向けた話し合いを行います。

11-1　わかりやすい話し方とは

　わかりやすい話し方について考えるために，まず，以下の問題についてグループで話し合ってください。

《問題11-1》理解されやすい立論にするには何が必要か考えよう（約5分）
　以下の二つの立論（一部省略有）の内容は同じものです。どちらのほうが理解しやすいですか。また，なぜそう思ったのか，理由を考えてください。
　※グループになり，立論担当者になった気持ちで1人が読み，残りの人は聞いて判断してください。

【立論 ①】
「死刑」とは受刑者の生命を剥奪することを内容とする刑罰を指します。プランは死刑の即刻廃止と終身刑の存置です。死刑が不可逆で取り返しのつかない刑罰であるからこそ裁判所は判決の際，正確で公平な基準を定めているという意見もあります。しかし，実際には，冤罪での死刑判決が4件明らかとなっており，このことから，死刑囚に対する審判が正確で公平であるとはいいがたく，今後も誤判が出る可能性は完全に否定することはできません。よって，「冤罪による死刑の執行の回避」をするために死刑制度を廃止すべきです。基本的人権について，憲法には「侵すことのできない永久の権利として，現在及び将来の国民に与へられる」とあります。つまり，基本的人権は善人だけではなく，悪人にも等しく与えられた権利なのです。そして，……以上，「冤罪による死刑執行の回避」と「基本的人権の尊重」の2点のメリットから，肯定側は「日本は死刑制度を廃止すべきである」と主張します。

【立論②】
これから肯定側立論を始めます。肯定側は「日本は死刑制度を廃止すべきである」と主張します。ここでは，まずことばの定義を行ったのちにプランを述べ，次にメリット２点について述べます。それでは，まず論題のことばを定義します。「死刑」とは受刑者の生命を剥奪することを内容とする刑罰を指します。次にプランを述べます。プランは２点あります。1点目は死刑の即刻廃止，2点目は終身刑の存置です。ここからはメリットについて述べます。メリットは２点あります。1点目のメリットは「冤罪による死刑の執行の回避」です。死刑が不可逆で取り返しのつかない刑罰であるからこそ裁判所は判決の際，正確で公平な基準を定めているという意見もあります。しかし，実際には，冤罪での死刑判決が４件明らかとなっており，このことから，死刑囚に対する審判が正確で公平であるとはいいがたく，今後も誤判が出る可能性は完全に否定することはできません。よって，「冤罪による死刑の執行の回避」をするために死刑制度を廃止すべきです。２点目のメリットは「基本的人権の尊重」です。基本的人権について，憲法には「侵すことのできない永久の権利として，現在及び将来の国民に与へられる」とあります。つまり，基本的人権は善人だけではなく，悪人にも等しく与えられた権利なのです。そして，……以上，「冤罪による死刑執行の回避」と「基本的人権の尊重」の２点のメリットから，肯定側は「日本は死刑制度を廃止すべきである」と主張します。これで肯定側立論を終わります。

《問題 11-1》はどうでしたか。【立論①】と【立論②】は内容としては同じですが，わかりやすさは違ったのではないでしょうか。【立論②】のような話し方ができるようになることを目指し，以下で学んでいきましょう。

わかりやすい話し方のためにすべきことは，大きく三つに分けられます。それは，構成（文をどう並べるか），ことば（どの表現を選択するか），音声・行動（どう伝えるか）です。これをさらに細分化すると以下のようになります。

《わかりやすい話し方》
1. 構成（文をどう並べるか）
   ❶メタ言語を使う
   ❷順を追って話す
   ❸通し番号を振る
   ❹要点を繰り返す
2. ことば（どの表現を選択するか）
   ❶メリットとデメリットの見出しは短くまとめる
   ❷漢字熟語を重ねすぎないようにする
   ❸一文を短くする
   ❹難しいことばの説明を行う
   ❺引用箇所を明確にする
3. 音声・行動（どう伝えるか）
   ❶話すスピードにメリハリをつける
   ❷前を向いて話す

以下で，上に挙げた項目について詳しく述べます。

1　構　成

①メタ言語を使う

みなさんは，「メタ言語」ということばを聞いたことがあるでしょうか。メタ言語とは，話す内容の予告をしたり，終わりを宣言したりする表現です（例：「このプランを実行することで

発生するメリットは2点あります」「肯定側の第一のメリットについて二つの点から反駁します」）。このメタ言語がなくてもディベートをすることはできますが，でも，これがあることで聞き手の理解度をぐんとあげることができます。以下では，ディベートで使われるメタ言語を紹介します。

各スピーチの冒頭に，「全体像（何を，いくつ，どんな順で述べるか）」を示しましょう（尋問を除く）。

当然のことですが，冒頭で全体像を示したあとは，そのとおりに話しましょう。予告どおりに行わなければ，かえって相手側や審判を混乱させてしまうからです。

> 《例11-1》このプランを実行することによって発生するメリットを2点述べます。
> ....【肯定側立論】
> 《例11-2》まず，デメリットは生じないこと，次にプランによりメリットが生じることを明らかにします。...【肯定側第一反駁】
> 《例11-3》まず，否定側が挙げたデメリットの二つは生じないこと，そしてメリットは確実に生じることを明らかにして，最後に議論を総括します。.........【肯定側第二反駁】

②通し番号を振る

メリットとデメリットはそれぞれ二つずつ選びましたが，これらに「通し番号」を必ず振りましょう。「メリット1」や「デメリット2」などがそれにあたります。また，反駁するときに，「メリット1について二つの点から反駁します」と述べたら，「1点目の反駁は〜」「2点目の反駁は〜」のように，今，何番目について話しているのかがはっきりわかるようにしましょう。

③順を追って話す

反駁では，まず，相手側への攻撃のスピーチを，その次に自分たちの守備のスピーチを，それぞれ1点目，2点目と順を追って話すのが一般的です。予告なく守備のスピーチから始めたり，メリットが二つあるのに2点目から話したりすると，これもまた相手と審判を混乱させることになります。

ただし，特に重きを置いて反駁したいメリットまたはデメリットから述べることもできます。この場合は，冒頭でどの順番で反駁するかを示し，その順番どおりに述べましょう。

> 《例11-4》まず，二つ目のデメリットに反駁し，次に一つ目のデメリットに対して反駁します。

④要点を繰り返す

人の記憶量には限界があります。新しい情報が入ってくると，古い情報がはじき出され，忘れてしまいます。ディベートでは，聞き手はフローシートを書くことで，忘れても思い出せるようにしますが，話し手自身も相手側や審判が忘れないように工夫する必要があります。その方法として有効なのが，要点を繰り返すことです。特に，話のはじめと終わりの部分の記憶は残りやすいので，ここで要点を繰り返しましょう。「ちょっとしつこいかも」と思うぐらいでちょうどよいのです。こうすることで，聞き手は，1回目は理解に，2回目は確認と理解不足や誤解の修正に情報を使うことができます。

反駁は，スピーチを事前にすべて準備することができないため，時間が大幅に余ってしまうこともあります。その場合は，最後に，自分のスピーチを手短にまとめて話すと，時間を有効

に使うことができます。なお，時間が足りなくなった場合は，この要点の繰り返しは不要です。

> 《例11-5》
> 　つまり，凶悪犯罪は増加しないのです。以上のことから，死刑制度は廃止すべきであると肯定側は主張します。（20秒余り）
> 　　　　　　　　↓
> 　つまり，凶悪犯罪は増加しないのです。ここまでの議論をまとめます。死刑制度を廃止することにより，人権の尊重をすることができ，また，犯人に更生の機会を与えることができます。さらに，遺族は必ずしも死刑を望んでいるわけではなく，また，凶悪犯罪は増加しません。以上のことから，死刑制度は廃止すべきであると肯定側は主張します。

2　ことばの選択

①メリットとデメリットの見出しは短くまとめる

「メリットとデメリットの見出し」とは，たとえば「基本的人権の尊重」「凶悪犯罪の増加」などです。この見出しの前に上で述べた通し番号がつき，「メリット1は基本的人権の尊重です」のような一文になります。以下の二つの例を見てください。

> 《例11-6》
> 論　　題：アジア共通通貨を実現すべきである
> 否定立論：デメリット1は通貨圏内での経済格差が大きいので，非対称的ショックが起こる
> 　　　　　可能性があることです。……
> 肯定反駁：否定側はデメリット1として通貨圏内での経済格差が大きいので非対称的ショックが起こる可能性があることだとおっしゃいましたが，それは違います。……

> 《例11-7》
> 論　　題：アジア共通通貨を実現すべきである
> 否定立論：デメリット1は非対称的ショック発生の可能性が高いことです。……
> 肯定反駁：否定側はデメリット1として非対称的ショックが起こる可能性が高いことだとおっしゃいましたが，それは違います。……

《例11-6》と《例11-7》を比較すると，《例11-7》のほうがずっと議論がスムーズにできることがわかりますね。この《例11-7》のように，できるだけ簡潔な見出しを作ることを心がけましょう。

②漢字熟語を重ねすぎないようにする

教科書やレポートなどは視覚情報を使うため，漢字熟語が重なっていても理解に困ることはありませんね。たとえば，「平成29年度西宮市立学校教員採用選考試験実施要項」を読んでも，すぐにわかるでしょう。でも，これが音声で伝えられたら理解度はぐっと下がりますね。話すときには漢字熟語を多用せず，平易なことばを使うようにしましょう。

「このことばを初めて聞く人はわかりやすいか」を常に念頭に置いて，自分たちが作った立論

や資料集を見直し，修正をしましょう。

> 《例 11-8》
> 犯罪被害者遺族が，死刑に処する希望を表明するのは至極当然のことです。
> ↓
> 犯罪の被害者の遺族が，死刑を望むのは当然のことです。

③一文を短くする

一文が長いと，わかりにくくなることが多いです。特に，連用中止形（「行い」「行って」「調べ」「調べて」）や，「けど」「が」を何回も使うと，文がどんどん長くなります。

連用中止形には，順序・並列・手段・理由などの意味があるため，どの意味で使ったのか，紛らわしいことがあります。よって，文をいくつかに分けたり，接続詞を加えたりして，前後の関係をわかりやすくしましょう。

また，「けど」「が」は本来，逆接（「しかし」「でも」）を表す接続助詞（例：大雪が降ったが，電車はダイヤどおりに運行した）ですが，日常会話では逆接の意味がない場合に使う人も多いです（例：あの，大雪についてなんですけど，電車が運行しているかわからないんですけど，スマートフォンで調べたらわかるかもしれないんですけど……）。ディベートでは，逆接の場合だけに使うようにしましょう。

> 《例 11-9》
> 　1点目のメリットの「冤罪による死刑の執行の回避」なんですが，死刑が不可逆で取り返しのつかない刑罰であるからこそ裁判所は判決の際，正確で公平な基準を定めているという意見もありますが，実際には，冤罪での死刑判決が4件明らかとなっており，死刑囚に対する審判が正確で公平であるとはいいがたく，今後も誤判が出る可能性は完全に否定することはできず，「冤罪による死刑の執行の回避」をするために死刑制度を廃止すべきです。
> ↓
> 　1点目のメリットは「冤罪による死刑の執行の回避」です。死刑が不可逆で取り返しのつかない刑罰であるからこそ裁判所は判決の際，正確で公平な基準を定めているという意見もあります。しかし，実際には，冤罪での死刑判決が4件明らかとなっており，このことから，死刑囚に対する審判が正確で公平であるとはいいがたく，つまり，今後も誤判が出る可能性は完全に否定することはできません。よって，「冤罪による死刑の執行の回避」をするために死刑制度を廃止すべきです。

④難しいことばの説明を行う

ディベーターは多くの資料を読むため，専門用語に詳しくなりますが，審判が同じ程度に詳しいということはほとんどありません。よって，わかりにくそうなことばには説明を加えましょう。

《例 11-10》
　ユーロ圏では,「非対称的ショック」が起きる事態が何度も起こっているのです。このことを見過ごすことはできません。

↓

　ユーロ圏では, 共通通貨圏内においてある特定の国にのみ発生するという「非対称的ショック」が起きる事態が何度も起こっているのです。このことを見過ごすことはできません。

3　音声・行動
①話すスピードにメリハリをつける

　緊張すると早口になるので, 気をつけましょう。特に立論は, 事前に準備した原稿をそのまま使う人が多いため, 早口になりがちです。また, 全体にいえることですが, 主張したいところや, 資料の数値を読むときは「ゆっくりすぎるかも」と思うぐらいのスピードで読み, さらにその前後に少しの間を置くとよいでしょう。

　反対に, 多少早口になってもよいのは「メタ言語」(例:「次にデメリット 2 について述べます」) です。メタ言語はやや早く話し, 主張したい部分や数値はゆっくり話すと, メリハリのあるスピーチになります。

②前を向いて話す

　ディベートでは資料を使いながら話すことが多いため, うつむきがちになります。もちろん, 資料を見てもよいですが, 下を見ると声も下を向いてしまいます。審判や相手側に声を届ける気持ちを忘れず, ときどき前を見るようにしましょう。この動きは, 適切なポーズや速さにつながります。

11-2　ディベートの規則

　ディベートの規則は, 実施機関や目的によって多少異なります。この教科書の中で定めるディベートの規則については, 以下のとおりです。

---

❶「後出し」をしない

- 第一反駁, 第二反駁で新しいメリット・デメリットを出さない
- 第一反駁, 第二反駁において, 立論で提示しなかった根拠を述べない
  ※相手の立論への反駁, 相手の反駁への再反駁をする場合を除く
- 第一反駁で述べられることを, 第二反駁にまわさない

ディベートでは「後出しのずる」は許されません。よって, 以下のことは禁止されており, また, 判定の対象となりません。「立論のあとに新しいメリットやデメリットを出す」「第一反駁, 第二反駁において, 立論で提示しなかった根拠 (資料・理由づけ) を述べる (相手の反駁への再反駁をするために必要な場合を除く)」「第一反駁で述べられることを, 第二反駁にまわす」の三つです。これらを行うと, 相手が反駁する機会がなくなり (もしくは少なくなり), その結果, 議論が深まらなくなるからです。また, このような試合は公平な試合とはいえません。

❷制限時間を守る

ディベートの試合では, 制限時間になったら, 話している途中でもそのスピーチは強制的に終了となります。なお, 制限時間よりも早く終わらせることは規則違反ではありませんが, 時間のある限り伝える努力をしましょう。

❸スピーチは口頭のみで行う
ディベートは口頭のみでの勝負となります。パワーポイントを使ったり，図表を見せたり，黒板に書いたりしてはいけません。
❹スピーチの最中に助言を行わない
スピーチが始まったら，同じチームの人でも助けることはできません。どんなに演壇で困っていても，メモを見せたり，小声で助言を行ったりしてはいけません。
❺私語をしない
試合中に私語をすると，聞き漏らすこともあり，また，話し手の集中力をそぎます。チームの人に確認したいことがあった場合は，作戦タイムまで待ちましょう。

11-3 試合をうまく運ぶためのヒント

1 全体

①フローシートを書く

ディベーターとして参加する場合もフローシートを書きましょう。記入することで，試合の流れがわかり，作戦タイムはもちろん，尋問や反駁に利用することができるからです。なお，フローシートには，話された内容をすべて書く必要はありませんが，主張と根拠（資料・理由づけ）はできるだけ書くようにしましょう。

②時間配分を考えておく

基本的には，各メリット・デメリットに対し，等分の時間配分がよいでしょう（例：肯定側第一反駁の場合，デメリット1・デメリット2，メリット1・メリット2に各1分）。ただし，「特にここに重点を置いて反駁したい」という場合，時間配分を変えても構いません。また，第二反駁の場合は総括に時間を使うので注意が必要です。

2 立論：重要なことばの定義をする

ディベートの中で使われる重要な語は，全員が同じ理解でディベートに参加することができるよう，立論で定義を述べましょう。

《例11-11》
これから，肯定側立論を始めます。まず，定義を述べます。積極的安楽死とは，延命治療が無益と診断された場合で，かつ，患者が自らの意志で死を望んでいる場合，医師の手でその患者の命を終わらせることと定義します。

3 尋問前の作戦タイム【尋問側】：質問することを決める

尋問の時間で何を聞くか，以下を参考にある程度決めておきましょう。

❶立論の聞き取れなかったところをフローシートで確認し合い，それでもわからないところ
❷立論で十分に話されなかったこと，意味不明なこと，自分たちの反駁のために聞いておきたいこと
❸主張を支える根拠が適切ではないと考えたところ

4　尋　問
①質問の方法を変える【尋問担当者】

　尋問では，応答者（＝立論担当者）からできるだけ情報を引き出すことを心がけましょう。よって，相手が答えに窮したら，「はい／いいえ」で答えられる質問で聞き直すか，または，次の質問にいくかしましょう。

> 《例 11-12》
> 尋問側：冤罪による死刑が執行される恐れがあるとのことですが，実際にどれぐらい起こっているのですか。
> 応答側：えっと……
> 尋問側：質問し直します，冤罪による死刑執行は，例として挙げられた4件以外にご存知ですか。
> 応答側：いいえ，知りません。

> 《例 11-13》
> 尋問側：冤罪による死刑が執行される恐れがあるとのことですが，実際にどれぐらい起こっているのですか。
> 応答側：えっと……
> 尋問側：すぐわからなければ結構です。では，次の質問に移ります。……

②反駁に使える（使われる）ところを考える（尋問担当者・応答者以外）

　反駁で攻撃に使える，または相手に攻撃されそうだと思った質疑応答があったら，フローシートの該当部分に，印をつけておきましょう。

5　反駁：相手の立論や反駁が予想と異なってもあきらめない

　相手の立論・反駁が，予想と異なることもあります。しかし，予測も資料の準備もしていないからとあきらめないでください。みなさんがもっている知識を使って，相手のロジックの弱点を突くことはできます。

> 《例 11-14》
> 論　　題：日本はすべての原子力発電所の稼働を停止すべきである。
>
> 肯定立論：国民が安心して生活を送れる。
> 否定反駁：稼働を停止したあと廃炉処理が必要となる。しかし，そのような状況では新たな技術者の成り手がいなくなり，その結果，廃炉処理の技術が発展せず，稼働を停止した原発の危険性が増す。つまり，原発の稼働を停止しても，国民は安心して生活することはできない。
> 肯定反駁：（廃炉にも技術者が必要か―！　考えてなかった，えーと……）
> 　　　　　➡フランスやアメリカなどの，原発の技術が発展している国から技術支援をしてもらえばよい。

以上が試合をうまく運ぶためのヒントです。自分が担当するスピーチの部分は，特によく読んでおいてください。それでは，残りの時間は，宿題の共有をして，試合の準備のために話し合いをしましょう。

《話し合い 11-1》宿題の共有と話し合いをしよう（約 40 分）
▶使うもの：《宿題 10-1, 10-2》（☞ pp.67–68）
▶進め方
① 《宿題 10-1》（1 対 1 ディベートのフローシート）（☞ p.67）の青字と赤字の部分を共有し，試合に向けて立論の修正，追加で必要な資料などについて話し合ってください。
② 《宿題 10-2》（☞ pp.67–68）で加筆した部分を共有し，試合に向けて立論の修正，追加で必要な資料などについて話し合ってください。
③ 試合の役割や準備の分担を確認してください。

《宿題 11-1》予想フローシートを完成させよう
今回の話し合いで検討したことをもとに，予想フローシートを完成させ，準備を進めてください。

第 11 章では，まず，わかりやすい話し方を学びました。音声言語は，文字言語と違って，基本的にすぐ消えてしまい，巻き戻して再生することはできません。よって，書くときとは異なる意識で，相手の理解度を推測しながら話す必要があります。今回学んだわかりやすい話し方は，ディベートだけでなく，他の授業で行う発表などでも役に立ちます。ぜひ，どんどん使ってみてください。

そして，次に学んだのが，ディベートの規則と試合をうまく運ぶためのヒントでした。気持ちよく，そして有意義な試合ができるよう，心にとめておいてください。

次回はディベートの試合前の最後の章で，ここで審判の仕方について学びます。審判としてディベートを眺めることで，また違ったことがみえてくるでしょう。

第 11 章の授業目標達成度

今回の授業の目標はどれぐらい達成できましたか。
○（できた），△（まあまあ），×（できなかった）を記入してください。

	自己評価（○△×）
相手や審判に意図したとおりに伝わるわかりやすい話し方を知る	
何に注意をしてディベートをすればよいのかを知る	
議論が深められるようになる	

第12章　審判の仕方

> **第12章の授業目標**
> ・審判の仕方を理解する
> ・公正な審判ができるようになる
> ・自身のディベートを審判の目で観察し，要改善点が発見できる
>
> **内　容**
> 1. 審判の仕方
> 2. 審判の練習

　第1章から第11章まで，ディベーターとして立論・尋問・第一反駁・第二反駁のそれぞれの立場でスピーチをするため，自分たちが組み立てたロジックを検討しながら，準備や練習を重ねてきました。

　第12章では，審判の練習を行います。審判は，「ディベーターによるスピーチを聞き，勝敗の判定をくだす人」で，ディベーターによるすべてのスピーチが終了したあとに，「講評と判定」を述べる役割を担います。ここでいう講評とは各ディベーターの議論の技術の巧拙を対象として評価を述べることで，また，判定とは議論そのものの優劣を対象として勝敗とその理由を述べることです。審判がスピーチを行うのは，試合の最後ですが，そこまで漫然と聞くのではなく，審判も批判的な思考を使って真摯な態度で試合を聞くことが求められます。ここまで多大な努力を重ねて準備してきたディベーターに対し，勝ち負けの判定をするのは気が重いかもしれません。でも，その努力に敬意を払うためにも，判定をくださなければならないのです。心的負担の大きい判定ですが，判定はディベーターのためだけにするのではありません。他の学生の試合を審判として批判的に聞き，そして判定とその理由を考えることにより，自分たちの試合を客観的に眺める力を磨くことができます。

　本章では，まず，審判の基本的心得について学んだあと，審議時間における判定の仕方を学び，次に審判のスピーチの構成を確認し，最後に実際に審判の練習を行います。

12-1　審判の基本的心得

　審判はどのようなことに留意して判定をするのでしょうか。まず，判定の適切性について，問題を解きながら考えてみましょう。

> **《問題12-1》判定の適切性を考えよう（約5分）**
> 　以下は，ある学生が述べた判定の理由と判定です。適切かどうか考えてください。
>
> ①私も肯定側と同じ意見ですから，肯定側の勝ちと判定します。
> ②否定側チームのAさんはとても優秀な学生で，彼が言うことに間違いはないですから，肯定側の勝ちと判定します。
> ③肯定側が出した資料は十分ではありませんでしたが，私が先日読んだ新聞には＊＊と書か

> れており，この資料から，＊＊ということができ，これが肯定側の主張を支える資料となります。よって，肯定側の勝ちと判定します。
> ④否定側のすべてのスピーチは制限時間内に収まらず，肯定のスピーチに対する反駁や再反駁が十分になされていませんでした。よって，肯定側の勝ちと判定します。
> ⑤肯定側も，否定側もすばらしい議論を展開し，それぞれが主張する論題の重要性と深刻性は拮抗していました。よって，引き分けと判定します。

みなさんは，ここまで長い時間と労力をかけてディベートの試合の準備をしてきましたね。審判は，その時間と労力に応えなければなりません。ここでは，まず，審判の基本的心得を学びます。

まず，1点目は「論題への自身の考えを捨てる」です。試合で議論される論題に関して，あなた自身の意見があるかもしれません。しかし，ディベートの審判をするときには，その意見はいったん置いておき，肯定側・否定側のいずれかに偏ることなく，どちらに対しても同じ距離をとって試合を聞きましょう。

2点目は，「ディベーターへの個人的感情を捨てる」ことです。同じクラスの学生の中には，気の合う学生，気の合わない学生がいるかもしれません。でも，審判をするときにはそのような個人的な感情は忘れましょう。また，「あの人は成績が優秀だから，きっとディベートも上手に違いない」といった感情も同様です。

想像してみてください。あなたが時間と労力をかけて準備してきたディベートの試合の勝敗が，もし，審判の個人的な意見や感情で決まったら，納得ができないですよね。あなたが審判をするときにも，論題への個人的な意見や，ディベーターへの個人的な感情は捨てて，まっさらな頭で聞くことを心がけましょう。

3点目は，「試合で議論された内容だけを判定の根拠とする」です。ディベートの試合の中で，主張を支える強い資料が出されても，ディベーターがその理由づけを述べず，三角ロジックが成り立っていないなどの場合があります。このとき，審判が頭の中で「隠れた理由づけ」を付け加えて判定することはやめましょう。審判は，あくまでも「透明な存在」で，聞いたことのみで判定をしてください。

なお，ディベートの勝敗の判定は，プレゼンテーション能力を判定の根拠に取り入れません。たとえば，自信がなさそうだったり，話し方が遅すぎたりしても，それは減点対象となりません（この点は，後述する「講評」の部分で指摘します）。ただし，早口や小声，もしくは漢字の読み間違えなどで審判が理解できなかった場合は，その部分は発言されなかったものとして判断して構いません。

4点目は，「規則違反に厳しく対処する」です。ディベートには，時間などについての規則があります。たとえば，立論の制限時間が4分のディベートで6分話したとしましょう。そうすると，2分長くなった分だけ，資料の説明や理由づけを述べるのに長い時間をかけることができ，説得力が増す可能性があり，その結果，公平なディベートではなくなります。ディベーターが規則を守って同じ条件でディベートを行うことによって，公平な判定をくだすことができるのです。よって，規則違反には厳しく対応しましょう。なお，ディベートの規則については，第11章で詳しく説明しています。

5点目は，「必ず勝敗を決める」です。当然だと思うかもしれませんが，ディベートの試合によっては，勝敗が決めにくいことがあるのです。しかし，それでも勝敗を決める必要があります。「甲乙がつけられない，メリットの重要性とデメリットの深刻性が拮抗した試合だった，よ

って引き分けとする」という判定を受けたと考えてみてください，がっかりしませんか。審判は，時間と労力をかけて準備をしてきたディベーターに敬意を表すためにも，勝ち負けを決め，そして，なぜ，そのように判定したのかの理由を明確にしなければなりません。

> 《審判の基本的心得》
> ❶論題への自身の考えを捨てる
> ❷ディベーターへの個人的感情を捨てる
> ❸試合で議論された内容だけを判定の対象とする
> ❹規則違反に厳しく対処する
> ❺必ず勝敗を決める

12-2 判定の仕方

ディベートの試合のときは，ディベーターによるすべてのスピーチが終わったあとに，審判が審議を行う時間が設けられており，その次に審判のスピーチを行います。審議時間には，まず審判がフローシートを見ながら各自で判定（勝敗を決める）とその理由を考え，次に全審判の判定結果をすり合わせて最終的な判定を決めます。

審判が判定を行う際には，まず，論題を採択した場合，ディベーターが提示した個々のメリットとデメリットが発生するかどうか，そして，それらがどれぐらい重要・深刻であるかについて検証を行います。検証の際には，立論における三角ロジックの優劣と，相手側からどんな反駁があり，それに対してどう再反駁したかを対象とします。なお，個々のメリットとデメリットについて，後続するスピーチで相手側が反駁をしなかった場合，それまでの議論をもとに審判がその重要性と深刻性について検証を行います。次に，複数のメリットとデメリットそれぞれを合わせた比較を行います。論題を採択した場合，よい影響も悪い影響も発生する可能性が高いですが，その影響はどちらがより重要・深刻なのかを考えて，勝ち負けの判定をくだします。

ここまで読んでみて，自分に判定ができるだろうか，他の審判と違う判定になったらどうしようかと心配に思った人もいるかもしれません。でも，判定は審判によって異なることもあります。ここで重要なのは，他の審判と同じ判定をくだすことではなく，ディベーターが納得できる判定とその理由を提示することです。理由が異なれば，判定が異なることもあるのです。ですから，他の審判と同じ判定かどうかについては心配しないでください。

12-3 審判スピーチの構成

審判のスピーチは，この章の冒頭で述べたように，大きく「講評」「判定」に分けられます。次の問題でその流れを確認しましょう。

《問題 12-2》審判のスピーチの構成を確認しよう（約 10 分）

以下は，審判のスピーチです。何について述べているか，以下から選んで，【　　】に書いてください。

| A. メリットの判定 | B. デメリットの判定 | C. 肯定側への講評 |
| D. 否定側への講評 | E. 全体の判定 | F. ねぎらい |

① 【　　】両チームのみなさん，お疲れさまでした。

② 【　　】肯定側は，チームで協力して試合に挑んでいました。立論担当者は，話す速度を内容に応じて調整していて聞きやすかったです。ただ，時間配分に失敗したのでしょうか，制限時間内に最後まで話せなかったのが残念でした。立論だけは事前に準備できるのですから，話す練習をもっとすればよかったですね。尋問担当者は，……

③ 【　　】否定側は，多くの資料を準備していましたが，すぐに必要な資料が見つけられませんでしたね。資料の整理の仕方を工夫するとよいでしょう。立論担当者が述べた第一のメリットは，数のデータを複数挙げただけでなく実例も示したので説得力がありました。ただ，出典を述べなかったので，説得力が若干下がりました。尋問担当者は，……

④ 【　　】第一のメリットは「冤罪による死刑の執行の回避」でした。否定側は反駁で，このメリットが以前は発生したことは認めましたが，現在は以前と異なり，科学捜査が発展しているため，冤罪は起きないと指摘しました。これに対し，肯定側は，科学捜査で対象とされた証拠そのものが被疑者のものではなかった実例があることから，現在でも冤罪による死刑の実施の可能性は否定できず，可能性がゼロではないならば，人命にかかわるため，死刑制度を廃止すべきであると述べ，このロジックは説得力があり，重要性が大きいと判断しました。第二のメリットは，……

⑤ 【　　】第一のデメリットは「凶悪犯罪の増加」でした。しかし，否定側が根拠とした資料に対する肯定側の「時代背景が異なるので現在の日本に当てはめることができない」という反駁は説得力のあるものでした。否定側からは，この点に対する再反駁がなかったため，このデメリットは発生しないと判断しました。第二のデメリットは……

⑥ 【　　】まとめると，肯定側が示した第二のメリットの「更生の機会を与えられる」はその重要性は小さいものの，第一のメリットの「冤罪による死刑執行を回避」については，死刑の不可逆性からみて重要であると判断しました。一方，否定側が示した第一のデメリットの「凶悪犯罪の増加」は発生が立証されず，また，第二のデメリットの「死刑制度継続を望む国民感情」については調査方法の不備から深刻性は小さいと判断しました。よって，論題を採用することによる重要性が深刻性よりも大きいことから，肯定側の勝ちとします。

《問題12-2》（☞**前頁**）のうち，講評は①〜③にあたります。講評では，各ディベーターの議論の技術の巧拙を評価しますが，まずは，ここまで長い時間を使って準備を積み重ねてきたディベーターをねぎらってください（①）。そして，各ディベーターに対し，厳しくなりすぎないように注意しながら，よかった点と改善点について，前向きなコメントをしましょう。このとき，各ディベーターに対するコメントの時間配分ができるだけ均等になるように述べてください。何に対してコメントをするかは，以下の《講評コメントのポイント》を参考にしてください。

《講評コメントのポイント》
❶批判的思考力（☞ 8-1「批判的思考」（☞ pp.46–50））
❷論理的思考力（☞ 6-1「論理的な主張」，6-2「三角ロジック」（☞ pp.27–31）
❸口頭表現力（☞ 11-1「わかりやすい話し方とは」（☞ pp.71–76））
❹情報収集・活用力（☞ 6-2「三角ロジック」（pp.29–31），7-3「資料の要約の仕方」（☞ pp.40–42）

講評につづく判定は，《問題12-2》（☞**前頁**）のうちの④〜⑥にあたります。講評は各ディベーターを対象として各自の議論の技術を中心に述べましたが，判定ではメリットとデメリットを対象として議論そのものの優劣について述べます。まず，審判自身が記入したフローシートを参考にして，ディベーターの発言を引用しながら，各メリットとデメリットが発生するか，そしてそれぞれの重要性や深刻性の度合いをどのように判定したかについてとその理由を説明します（④・⑤）。最後に，メリット全体の重要性とデメリット全体の深刻性のどちらが大きいかについての判定理由とともに述べます（⑥）。

それでは，実際にフローシートを見ながら，審判のスピーチを考えてみましょう。

《話し合い12-1》モデルディベートの審判をしてみよう（約20分）
▶使うもの：モデルディベートのフローシート
▶進め方
①モデルディベートのフローシートを見て，個人で講評と判定を考えてください。
②ディベートのグループになり，①を共有してください。
③多数決によって勝敗を決めてください。
④クラス全体に対し，③を発表してください。

《話し合い12-2》自分たちのディベートを審判の目で眺めてみよう（約30分）
▶使うもの：《宿題11-1》予想フローシート（☞ **p.79**），審判用コメントシート
▶進め方
①予想フローシートを見て，個人で講評と判定を考え，審判用コメントシートに記入してください。
②ディベートのグループになり，《宿題11-1》（☞ **p.79**）の加筆部分と，①を共有してください。
③②をもとに，自分たちのディベートの改善点を検討してください。

《宿題12-1》ディベートの試合のための最終準備をしよう
　今回の話し合いで検討したことをもとに，最終準備をしてください。

第12章では，審判の仕方について学びました。審判の仕方を学び，審判としてディベートを眺めてみることで，今までとは違った見方ができるようになったのではないでしょうか。ここで気づいたことを，ぜひ試合に役立ててください。

　《話し合い12-1》（☞ p.85）や《話し合い12-2》（☞ p.85）をすることで，審判にも批判的思考力・迅速な思考力・口頭表現力・傾聴力が求められることに気づいた人もいるのではないでしょうか。ここで培われた力は，ディベートはもちろん，レポートや論文を書いたり，発表をしたりするときにも役に立つものとなります。ぜひ，審判にも全力で挑んでください。

　次回はいよいよ，ディベートの試合を行います。今まで積み重ねてきた準備の成果が出るよう，最後まで気を抜かず，試合のための確認や練習をしておきましょう。

第12章の授業目標達成度	
今回の授業の目標はどれぐらい達成できましたか。〇（できた），△（まあまあ），×（できなかった）を記入してください。	
	自己評価（〇△×）
審判の仕方を理解する	
公正な審判ができるようになる	
自身のディベートを審判の目で観察し，要改善点が発見できる	

第 13 章　ディベートの試合

第 13 章の授業目標
・今までの思考のトレーニングや準備の成果が発揮できる【ディベーター】
・試合を批判的に聞き，限られた時間の中で公正な審判ができる【審判】

内　容
1. ディベートの試合

《試合 13-1》ディベートの試合をしよう
（準備：10 分，試合：50 分，審議：15 分，審判スピーチ：5 分，総評：10 分）
▶使うもの：フローシート（ディベーター・審判），審判用コメントシート（審判），レコーダーなど（ディベーター）

❶ディベーター以外は，以下の試合の準備をする
　・机を並べる（☞図 1-2「席の配置例」（☞ p.6））
　・論題を板書する
　・論題の左側に「肯定」，右側に「否定」と板書する
　・その下に，ディベーターの名前と担当するスピーチを書く
　・フローシート，審判用コメントシートを配布する
❷ディベーターは録音機器と，準備した資料を持参して，指定された場所に着席する
❸司会の進行に合わせ，ディベートの試合を進める
　※ディベーターは試合をすべて録音する（審判のスピーチ，総評を含む）
　※ディベーターではない学生は審判を担当する
❹すべてのスピーチが終わったら，審判はフローシートを見ながら審判用コメントシートに記入をする
　※ディベーターはチームの中でフローシートを突きあわせて空欄を埋める
❺審判用コメントシートが書けたら，審判全員で判定の決を採る
❻❺の判定と同じ判定結果を出した審判の中から，もっともディベーターに聞かせたい審判用コメントシートを選ぶ，もしくは統合する
❼❻の学生が審判長として審判のスピーチを行う
❽教員が総評を述べる

《宿題 13-1》試合フローシートを完成させよう（※ディベーターになった回のみ）
①録音データを聞き，ディベートのフローシートを完成させてください。
②青字で，よい点に____を引き，その理由を書いてください。
③赤字で，要改善点に____を引き，改善案を書いてください。

第 13 章の授業目標達成度	
今回の授業の目標はどれぐらい達成できましたか。○（できた），△（まあまあ），×（できなかった）を記入してください。	

	自己評価（○△×）
【ディベーター】：今までの思考のトレーニングや準備の成果が発揮できる	
【審　　判】：試合を批判的に聞き，限られた時間の中で公正な審判ができる	

第14章 振り返り

第14章の授業目標
・議論の流れの変化を認識できるようになる
・議論における自身の強み・弱みがわかる
・客観的に自己評価できるようになる
内　容
1. よい点・改善点の共有
2. 議論の流れの分析
3. 試合論題でのディスカッション
4. 自己評価

　第1章から第12章まで，毎回クラスメートと話し合いながら，準備と練習を重ねてきました。そして，第13章でディベーター・審判として試合ディベートをやりとげ，その難しさも面白さも経験しました。今みなさんが理解しているディベートは，この授業を受ける前に考えていたディベートより，議論の形式や内容がさらに充実したものではないでしょうか。

　ディベートの試合は前回で終わりましたが，みなさんの学びは続きます。最後の第14章では，振り返りのための話し合いと，議論をさらに深め，楽しむためのディスカッションを行い，最後に自己評価をします。総まとめとして試合を振り返り，評価することによって，単なるディベートの経験にとどめることなく，自分の中に蓄積される学びに高めましょう。

14-1　ディスカッションで振り返る

　まず，試合ディベートの議論の流れを思い出し，宿題で考えたよい点と改善点を共有する話し合いから始めます。これまで何度も改善点を見つけ，次の練習に活かしてきました。最後の宿題でも新たな改善点が見つかったでしょうか。

《話し合い14-1》試合ディベートを振り返ろう：よい点・改善点（約15分）
▶使うもの：《宿題13-1》試合フローシート（☞ p.87）
　特に注目すべき点はどこかを把握するために，よい点と改善点を共有します。これは，《話し合い14-4》（☞ p.94）で自己評価をするときにも活用します。
▶進め方
①試合ディベートで同じ立場だったグループになり，《宿題13-1》（☞ p.87）の試合フローシートを見て，試合での議論の流れを思い出しながら，肯定・否定両方のよい点と改善点について話し合ってください。
　※自分では気がつかなかった点は，フローシートに加筆してください。
　※よい点・改善点それぞれを指摘した理由と，改善案も説明してください。
②自分のスピーチに対して出たよい点と改善点を，これまでの話し合いで指摘された点と比較します。同じ点に「S」，新たな点に「N」を書いてください。これまでと同じよい点と改

善点は,それぞれ自分の強みと弱点かもしれません。新たなよい点は努力して改善された点,改善点は今後努力すべき点だと考えることができます。
③自分のスピーチに対して出たよい点と改善点がどのような力に関わる点なのかを考えて,記号(△・○・□)を書き込んでください。一つの点に複数の記号を書いてもかまいません。

・批判的・論理的思考力　(△：三角ロジックのイメージ)
・口頭表現力　(○：口の形のイメージ)
・情報(資料)収集・活用力　(□：本や紙のイメージ)

④△○□のそれぞれに,どのようなよい点・改善点があったかを伝えてください。

　第13章までの振り返りから一歩進めて,自分の強み弱み,三つの力と関連づけて,よい点・改善点を整理しました。よい点・改善点を出し合うだけでなく,強み弱み,能力という観点からみることによって,今,自分がもっている力に,どのような傾向があるのか,少しつかめたことでしょう。ここで考えたことは,最後に授業全体を振り返って自己評価を行うときにも使います。
　次は,議論の流れに注目して振り返りを行います。これまで,よい点・改善点を考えるときに,各スピーチの一部分だけでなく,前後のスピーチとのつながりについても気づいたことがあったのではないでしょうか。練習でも,議論のつながりに気をつけてきたので,みなさんは,部分も全体も意識していたことになります。この,部分と全体を行ったり来たりして眺め,考えることは客観的・分析的に対象をみる力を養います。
　ここでは,議論の流れを分析的にみてみます。分析的にみるとは,どのような要素によって,どのように議論が進んでゆくかを意識的に探るということです。特に,ロジックの強弱がはっきりと現れた部分に注目することによって,議論の全体の流れの変化が認識しやすくなります。自分や相手の発話が,議論の流れにどのように影響するのかを理解することが,議論する際に戦略的な意識をもつことにつながります。

《話し合い14-2》試合ディベートを振り返ろう：議論の流れ (約20分)
▶使うもの：《宿題13-1》試合フローシート (☞ p.87)
注目する部分を□／○で囲んで,議論の流れを分析します。
▶進め方
①まず1人で考えます。議論の流れが変化したところを見つけましょう。
　・ロジックが特に強かった部分を□で囲んでください。
　・ロジックが特に弱かった部分を○で囲んでください。
②同じ論題のグループ(4～8人)になってください。フローシートの議論の流れに沿って,どこに記号を書き込んだかと,その理由を伝え合ってください。
　※自分では気がつかなかった部分は加筆してください。
③特に議論の流れを大きく変えたところはどこか,どの部分が審判の判定に影響したと思うかを話し合ってください。

　どのような部分で議論の流れが変化したか,どのような理由で審判が判定したかを客観的に

とらえることができたでしょうか。議論の流れは常に変化するものであり，まったく同じ流れが次のディベートの機会で現れるわけではありません。でも，ある部分や自分の一言が，議論の流れに大きな影響を与えるという意識をもって，戦略的に議論に臨むことが大切です。

　試合ディベートについての振り返りはここまでです。次は，肯定・否定の立場を離れて，試合の論題をテーマにして自由にディスカッションを行います。みなさんは，これまで論題に関する多くの資料を読み，それらを使って，ロジックを組み立ててきました。話し合い，考える過程で，自分の立場とは関係なく，論題に対してみなさんの心に浮かんだ問題意識や，今後の予測，提案などもあるでしょう。両方の立場から複眼的に論題について考えてきたみなさんだからこそ議論できることがあります。ここでは自由で発展的なディスカッションを楽しみましょう。

《話し合い14-3》試合の論題についてディスカッションをしよう（約15分）
▶使うもの：《宿題13-1》試合フローシート（☞ p.87）
▶進め方
①同じ論題のグループ（4〜8人）になってください。
②試合の論題について，肯定・否定の立場を離れて，以下のような点について自由に意見を伝え合ってください。

《例》
・試合で話さなかったこと
・自分とは反対の立場で話したかったこと
・ディベートの準備を始める前と後では考え方が変わったことと，そのきっかけ
・今後論題について，社会がどのように変化するかの予測や提案
・今後論題について，さらに考えなければならないこと，社会に残された課題

※グループでも個人でも，賛成・反対といった結論を出す必要はありません。

　自分の立場やスピーチの役割を離れてのディスカッションは，どうでしたか。自由に楽しく話せたでしょうか。話したいことが多くて話し切れなかった，ほとんど自分の話す機会がなかった，など問題も感じたかもしれませんね。その問題意識は，次にどこかでディスカッションをするときの改善点につながります。この教科書では，流れの自由なディスカッションの練習はしませんが，これまでディベートの議論の内容や流れについて繰り返し考えてきたことは，どのようなディスカッションにもかかわることです。常に，議論の流れや自分自身について客観的に振り返り，改善する意識をもちつづけることが大切です。

　実際に，みなさんは，振り返りと改善を繰り返してきましたね。そして，試合では，これまで改善点だったことがよい点として評価されたり，逆に，できていたことが失敗として指摘されたりしたかもしれません。どちらの場合でも，自分の力を客観的にとらえ，次の学びにつなげていくことが，成長の第一歩です。

14-2　自己評価

　次は，最後の自己評価です。ディベートの試合だけでなく，これまでの準備や話し合いも含めて，授業全体を振り返りましょう。

　まず，第1章からここまでの大きな流れを思い出しましょう。授業では四つから六つの章をひとまとまりとして，「学ぶ→実践する→振り返る」という三つのステップを3回繰り返しました。まず，第1章から第3章が「ディベートの理解」，第4章が「実践練習」でした。次に，第5章から第9章が「準備と思考トレーニング」，第10章が「実践練習」で，最後は，第11章・12章が「表現・ルール・審判の理解」，第13章が「試合」でした。そして，第14章は「総まとめの振り返り」です。

　自己評価の前に，評価にかかわる複数の力について整理しておきましょう。第1章ではこの授業を受けることで向上する力として，①批判的思考力，②論理的思考力，③迅速な思考力，④口頭表現力，⑤傾聴力，⑥質問力，⑦情報収集・活用力，⑧コミュニケーション力の8点を挙げました。これらの力が総合的に活用され，ディベートに表れます。《話し合い14-1》（☞ pp.89-90）では，このうちの4点を「△批判的・論理的思考力」「○口頭表現力」「□情報収集・活用力」の大きく三つに分けて，よい点・改善点を整理しました。みなさんがすでに考えた点を，さらに客観的にとらえて，学びの得られる評価にするために，授業全体をとおして伸ばしてきた複数の力の関係を図にしてとらえ直します。図14-1は，第1章で述べた力に，グループで力を合わせてゴールに向かって進む「チームワーク力」を加えた図です。

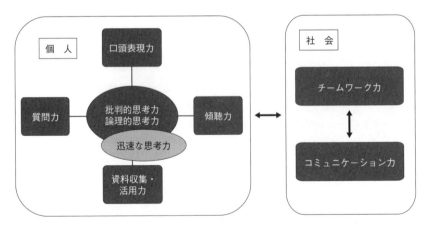

図14-1　この授業で伸ばした力

　これまで紹介してきた力は，実際は順番に並んでいるわけではありません。みなさん1人ひとりの頭の中でそれぞれの力が関連し，支え合っています。図14-1の左側「個人」にある七つの力は，これまでの練習・試合ディベートの振り返りではっきり意識するようになったはずです。右側は，主にグループ活動や話し合いで使ってきた力です。

　左の図の中心にある「批判的・論理的思考力」は，直接目には見えませんが，すべての力の中心となるものです。そのため，この教科書では三角ロジックという思考を可視化する方法も使ってトレーニングをしました。

　批判的・論理的思考力を上と左右から囲んでいる「口頭表現力」「傾聴力」「質問力」の三つは，聞く・話すといったことばのやりとりにかかわる力です。口頭表現力は自分の考えを相手にわかりやすく伝える力，傾聴力は相手の話を理解し，分析する力，質問力は問うべき点を見

つけ，相手にわかりやすく問いかける力です。ディベートの試合では，これらの力を制限時間内で発揮しなければばなりませんでした。短時間で行おうとすると，すべてを研ぎ澄まさなければならないため，批判的・論理的思考力を迅速かつ全力で働かせ，ことばで表現することになります。そして，それを聞いた相手も，迅速に思考力を使い，ロジックの妥当性を判断したり，問うべき点を見つけたりするのです。

　批判的・論理的思考力の下にある「情報収集・活用能力」とは，収集した情報を整理し，それを効果的に使う力です。収集と整理には時間をかけ，どの資料を使うかをある程度準備することができますが，試合で効果的に使うためには，やはり批判的・論理的思考力を迅速に働かせなければなりません。厳しい時間制限があることによって，みなさんは思考力に負荷をかけ，実践的なトレーニングしてきたといえます。

　図の右側の「社会」の二つの力は人とのやりとりに必要な力です。ディベートの準備・練習・実践をとおして，みなさんは，「個人」の七つの力を鍛えてきました。そして，その力を駆使して個々の思考を言語化し，他の人と共有することによって，コミュニケーション力やチームワーク力も育んできました。

　こうしてみてみると，みなさんが「ディベートをする」という一つの目標に向かっていく過程で，さまざまな力を育ててきたことがわかりますね。では，今後もこれらの力を伸ばし続けるために，最後に自己評価と話し合いをしましょう。

《自己評価 14-1》（約 5 分）

▶進め方

①以下の自己評価図の 8 項目の能力について，5 点満点で評価し，各項目の軸に点をつけてください。

②点と点をつないで八角形を作ってください。

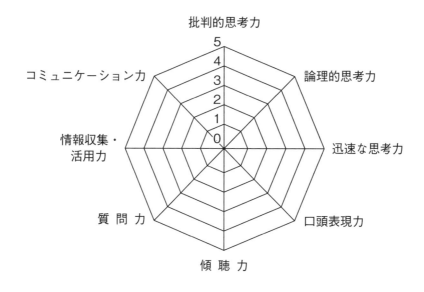

図 14-2　自己評価図（図 1-1 再掲）

③第1章（☞ p.4）で書いた点を違う色のペンで書きこんでください。

　どんな八角形ができましたか。大きさと，バランスはどうでしょうか。そして，第1章で書いた八角形とどう変わったでしょうか。この図を見ながら，話し合いをします。

《話し合い14-4》評価しよう（約15分）
▶使うもの：《**自己評価14-1**》自己評価図（☞**前頁**）
▶進め方
①試合ディベートのグループになってください。
②自己評価図をお互いに見せ合ってください。
③自己評価の各項目について，以下の点を1人ずつ話してください。

- 各項目をその点数にした理由
- 1回目と比べてよくなった項目とその理由
- 1回目と比べて伸びなかった，または悪くなった項目とその理由
- 今後，努力が必要な点とその方法

※聞いている人は，できるだけコメントやアドバイスをしてください。
※重要だと思ったコメントやアドバイスは自己評価図の余白にメモしてください。

　自分へのコメントや他の人の自己評価を聞いて，どう感じましたか。実は，自己評価が高かった人が，必ずしも能力の高い人だとは限りません。また，1回目より評価が高くなっている人だけが力が伸びたわけでもありません。客観的に自分の能力をとらえられるようになった結果，自分への評価が厳しくなることもあります。その場合は，客観的な判断力や省察力（振り返り，改善点を見つける力）がついたといえます。

　どのような結果でも，自己評価する一番の目的は，次へ進む指標を得ることです。次へ進むというのは，ディベートのことだけではありません。自己評価に挙げられた力や，ディベートの準備と試合をとおして学んだことは，どんな場面で活用できるでしょうか。たとえば，ディベートの試合では立場を二つに分けて勝敗を決めることがゴールでしたが，実社会では現状を変えたり，問題を解決したりすることがゴールとなる話し合いが行われます。どちらの場合も，ゴールにたどり着くために必要なのは，ディベートの準備で経験したように，複数の立場で考えるということでしょう。話し合いに限らず，今回の学びが活用できる場面は数多くあります。今後，みなさん自身が身につけた力を使いながら気づくことでしょう。

　最後の章に宿題はありませんが，みなさん自身が見つけた，今後取り組むべき「課題」があるはずです。第1回の授業を受けたときには，見えなかった景色が見えますね。自分の中にすでにあったのに，存在に気がつかなかった能力もあると思います。みなさんが学ぼうという意識をもつ限り，学びはずっと続きます。学びとともに，想像もしなかったような景色が広がり，新しい自分を発見していくことができるでしょう。

第 14 章の授業目標達成度

今回の授業の目標はどれぐらい達成できましたか。
○（できた），△（まあまあ），×（できなかった）を記入してください。

	自己評価（○△×）
議論の流れの変化を認識できるようになる	
議論における自身の強み・弱みがわかる	
客観的に自己評価できるようになる	

●付録　ディベート全体のフォーマット

※流れが合っていれば，このフォーマットに一言一句合わせる必要はありません。

①・③【立　論】

これから［肯定・否定］側立論を行います。［肯定・否定］側は，__論題__ べきで［ある・ない］と主張します。
論題を実行することで起きる［メリット・デメリット］は2点あります。

［メリット・デメリット］の1点目は __主　張__ です。なぜなら __理由づけ__ からです。
　［〈肩書き〉の〈著者名〉・〈機関名〉］ によると，__事　実__ 。
［つまり・このように］ __理由づけ__ から，__主　張__ のです。

［メリット・デメリット］の2点目は __主　張__ です。なぜなら __理由づけ__ からです。
　［〈肩書き〉の〈著者名〉・〈機関名〉］ によると，__事　実__ 。
［つまり・このように］ __理由づけ__ から，__主　張__ のです。

以上のことから，［肯定・否定］側は，__論題__ べきで［ある・ない］と強く主張します。
これで［肯定・否定］側立論を終わります。

②・④【尋　問】

これから［否定・肯定］側尋問を行います。
［メリット・デメリット］の*点目について質問します。

情報確認
- ［メリット・デメリット］をもう一度言ってください。………………………※聞き取れなかった，確認したい場合
- 今よりどれくらい［良く・悪く］なるのですか。具体的な数字を教えてください。……………※言わなかった場合
- 〜と言いましたが，根拠を教えてください。………………………………………………※言わなかった場合
- 証拠資料の著者の肩書きを教えてください。………………※聞き取れなかった，確認したい，言わなかった場合
- 証拠資料の［出典・日付・著者］をもう一度言ってください。………………※聞き取れなかった，確認したい場合
- 証拠資料の中にある数字を，もう一度読み上げてください。………………※聞き取れなかった，確認したい場合

詳細要求
- どういう意味？………………【定　義】例：「基本的人権」とはなんですか。
- いつ？………………………【時　間】例：その4件の冤罪はいつごろ発生したのですか。
- どこで？……………………【場　所】例：その調査はどこの国で行われたものですか。
- だれ？………………………【主　体】例：被害者の基本的人権を守らなかったのは誰ですか。
- どのように？………………【方　法】例：死刑判決はどのようにくだされるのですか。
- なぜ？………………………【理　由】例：なぜ国民は厳罰化を望んでいるのですか。
- 他ではどうか？……………【比　較】例：死刑を廃止した国で，凶悪犯罪が増加しましたか。
- これだけか？………………【一般化】例：基本的人権は被害者以外にも認められているのではないですか。

終了強制
- （答えが長い場合）そこまでで結構です。
- （すぐに答えられない場合）すぐわからなければ結構です。

これで［否定・肯定］側尋問を終わります。

⑤【否定側第一反駁】

これから否定側第一反駁を行います。

まず，メリットの1点目について反駁します。
肯定側は「　　　」と言いましたが，［それは違います・必ずしもそうではありません・それは関係ありません・それは重要ではありません・それは解決可能です］。なぜなら __理由づけ__ からです。
　（［〈肩書き〉の〈著者名〉・〈機関名〉］ によると，）__事　実__ 。
［つまり・このように］ __理由づけ__ から，__主　張__ のです。

次に，メリットの2点目について反駁します。
肯定側は「　　　」と言いましたが，［それは違います・必ずしもそうではありません・それは関係ありません・それは重要ではありません・それは解決可能です］。なぜなら __理由づけ__ からです。
　（［〈肩書き〉の〈著者名〉・〈機関名〉］ によると，）__事　実__ 。
［つまり・このように］ __理由づけ__ から，__主　張__ のです。

以上のことから，__論題__ べきでないと否定側は主張します。これで否定側第一反駁を終わります。

⑤【肯定側第一反駁】

これから肯定側第一反駁を行います。

まず，デメリットの1点目について反駁します。

否定側は「＿＿」と言いましたが，［それは違います・必ずしもそうではありません・それは関係ありません・それは重要ではありません・それは解決可能です］。なぜなら　**理由づけ**　からです。

（［〈肩書き〉の〈著者名〉・〈機関名〉］　によると，）　**事　実**　。

［つまり・このように］　**理由づけ**　から，**主　張**　のです。

次に，デメリットの２点目について反駁します。

否定側は「＿＿」と言いましたが，［それは違います・必ずしもそうではありません・それは関係ありません・それは重要ではありません・それは解決可能です］。なぜなら　**理由づけ**　からです。

（［〈肩書き〉の〈著者名〉・〈機関名〉］　によると，）　**事　実**　。

［つまり・このように］　**理由づけ**　から，**主　張**　のです。

では，次にメリットについて再反駁をします。

メリットの１点目は「＿＿」（でした）。

これに対し，否定側は「＿＿」と言いました。しかし，＿＿＿＿＿。なぜなら　**理由づけ**　からです。

（［〈肩書き〉の〈著者名〉・〈機関名〉］　によると，）　**事　実**　。

［つまり・このように］　**理由づけ**　から，**主　張**　のです。

では，次にメリットの２点目について再反駁をします。

否定側は「＿＿」と言いました。しかし，＿＿＿＿＿。なぜなら　**理由づけ**　からです。

（［〈肩書き〉の〈著者名〉・〈機関名〉］　によると，）　**事　実**　。

［つまり・このように］　**理由づけ**　から，**主　張**　のです。

以上のことから，**論　題**　べきでないと肯定側は主張します。これで肯定側第一反駁を終わります。

⑦・⑧【第二反駁】

これから［否定・肯定］側第二反駁を行います。

［メリット・デメリット］の１点目の＿＿＿＿＿について反駁します。

１点目の［メリット・デメリット］は「＿＿」でした。

［肯定・否定］側は「＿＿」と言いました。しかし，＿＿＿＿。なぜなら　**理由づけ**　からです。

（［〈肩書き〉の〈著者名〉・〈機関名〉］　によると，）　**事　実**　。

［つまり・このように］　**理由づけ**　から，**主　張**　。

次に，［メリット・デメリット］の２点目の＿＿＿＿＿について反駁します。

［肯定・否定］側は「＿＿」と言いました。しかし，＿＿＿＿。なぜなら　**理由づけ**　からです。

（［〈肩書き〉の〈著者名〉・〈機関名〉］　によると，）　**事　実**　。

［つまり・このように］　**理由づけ**　から，**主　張**　。

次に［デメリット・メリット］について述べます。

［デメリット・メリット］の１点目の＿＿＿＿＿について再反駁します。

［肯定・否定］側は「＿＿」と言いました。しかし，＿＿＿＿。

なぜなら　**理由づけ**　からです。

（［〈肩書き〉の〈著者名〉・〈機関名〉］　によると，）　**事　実**　。

［つまり・このように］　**理由づけ**　から，**主　張**　。

［デメリット・メリット］の２点目の＿＿＿＿＿について再反駁します。

［肯定・否定］側は「＿＿」と言いました。しかし，＿＿＿＿。

なぜなら　**理由づけ**　からです。

（［〈肩書き〉の〈著者名〉・〈機関名〉］　によると，）　**事　実**　。

［つまり・このように］　**理由づけ**　から，**主　張**　。

最後に総括をいたします。

メリットとデメリットを比較すると，［デメリット・メリット］のほうが［深刻・重要］です。

なぜかというと，**相手側の弱点・自分たちの勝っている点**　からです。

以上，メリットとデメリットを比較した場合，明らかに　**論　題**　べきで［ない・ある］と［否定・肯定］側は主張します。

以上で［否定側・肯定側］第二反駁を終わります。

●参考文献

池内 清（1997a）.「教師の講評・判定のコツ」全国教室ディベート連盟（編）『マイクロディベートの指導・20のコツ』（pp.46-47）学事出版

池内 清（1997b）.「早口・滑舌の悪い子への指導のコツ」全国教室ディベート連盟（編）『マイクロディベートの指導・20のコツ』（pp.50-51）学事出版

池田 修（1997）.「すぐに使える講評コメント集」全国教室ディベート連盟（編）『教室ディベート・判定指導のコツ』（pp.40-51）学事出版

石坂春秋（2003）.『レポート・論文・プレゼンスキルズ―レポート・論文執筆の基礎とプレゼンテーション』くろしお出版

N&Sラーニング「ジャッジの基本的心得」〈http://www.nands.net/contents/bunnrui/debate/tec2/j02.shtml（最終アクセス日：2018年1月29日）〉

N&Sラーニング「反駁のしかた」〈http://www.nands.net/contents/bunnrui/debate/tec1/hanbaku.shtml（最終アクセス日：2018年1月29日）〉

小野田博一（1997）.『論理的に書く方法―説得力ある文章表現が身につく』日本実業出版社

上條晴夫（1997）.「教室ディベートの判定はこうすればよい」全国教室ディベート連盟（編）『マイクロディベートの指導・20のコツ』（pp.20-31）学事出版

川本信幹（監修）（1997）.『③ディベートマッチの指導』サン・エデュケーショナル（DVD教材）

北村明裕（1998）.「判定スピーチコンテスト」全国教室ディベート連盟（編）『教室ディベートのためのゲーム集』（pp.71-75）学事出版

関口 要（2006）.「第12回日本語教育実践講座 教室活動としてのディベート―各科目にどう取り入れるか」日本台湾交流協会〈http://www.koryu.or.jp/kaohsiung/ez3_contents.nsf/04/A09F753E06802934492571EA000FB29E?OpenDocument（最終アクセス日：2018年1月29日）〉

全国教室ディベート連盟（編）（2003）.『中学／高校 はじめてのディベート授業―教科書を活用したディベート・シナリオ集』学事出版

全国教室ディベート連盟（2010, 2011）.「ルールの理解は勝利への一歩だ！」〈http://nade.jp/koshien/rule/explanation（最終アクセス日：2018年1月29日）〉

全国教室ディベート連盟（2012）.「審判講習会テキスト」〈http://nade.jp/files/uploads/judge-seminar2012.pdf（最終アクセス日：2018年1月29日）〉

全国教室ディベート連盟（2013）.「全国中学・高校ディベート選手権ルール」〈http://nade.jp/koshien/rule/（最終アクセス日：2018年1月29日）〉

筑田周一（1997）.「質疑指導のコツ」全国教室ディベート連盟（編）『マイクロディベートの指導・20のコツ』（pp.28-29）学事出版

筑田周一（1997）.「反駁指導のコツ」全国教室ディベート連盟（編）『マイクロディベートの指導・20のコツ』（pp.30-31）学事出版

筑田周一（1997）.「判定指導のコツ」全国教室ディベート連盟（編）『マイクロディベートの指導・20のコツ』（pp.32-35）学事出版

筑田周一（2002）.「ディベートテキスト初級編：よりよい聞き手となるためのステップ（論題：ドラえもんは22世紀に帰るべきである）」〈http://old.nade.jp/school/pdf/doratext.pdf（最終アクセス日：2018年1月29日）〉

徳永幸夫（1997）.「教室ディベートにおける「勝敗」と判定のポイント―よきディベーターはよき審査員」全国教室ディベート連盟（編）『教室ディベート・判定指導のコツ』（pp.54-55）学事出版

戸田山和久（2002）.『論文の教室―レポートから卒論まで』日本放送出版協会

中野美香（2010）.『大学1年生からのコミュニケーション入門』ナカニシヤ出版

西部直樹（監修）（1997）.『当社は製品のリサイクルを積極的に推進すべし』社会経済生産性本部（ビデオ教材）

西部直樹（監修）（1997）.『論理的思考とディベート』社会経済生産性本部（ビデオ教材）

西部直樹（監修）社会経済生産性本部メディアセンター・別所栄吾（マニュアル執筆）（1997）.「ディベート能力開発シリーズ ビジネスディベート入門編 マニュアル・テキスト」西部直樹（監修）『当社は製品のリサイクルを積極的に推進すべし』（付属教材）

平柳行雄（2010）.『日本語論証文の「書く」力を向上させるためのクリティカル・シンキング』青山社

マスターマインド社（監修）（1999）.『ディベートの仕組みと進め方』日本経済新聞社（ビデオ教材）

マスターマインド社（監修）（1999）.『ケースで学ぶディベートの技法』日本経済新聞社（ビデオ教材）

松本　茂（1996）.『頭を鍛えるディベート入門―発想と表現の技法』講談社
松本　茂（2001）.『日本語ディベートの技法』七寶出版
松本道弘（1977）.『知的対決の方法―討論に勝つためには』産業能率大学出版部
松本道弘（1990）.『やさしいディベート入門―論争・会議・商談の武器―人生に勝つための知的技術』中経出版
道田泰司・宮元博章・秋月りす（1999）.『クリティカル進化論―『OL 進化論』で学ぶ思考の技法』北大路書房
横山雅彦（2016）.『「超」入門！ 論理トレーニング』筑摩書房

編著者紹介

内藤真理子
電気通信大学国際教育センター准教授。
ダマスカス大学（シリア），立命館大学，関西学院大学，神田外語大学などを経て現職。
専門は日本語教育。
原　案：全章
担当章：第1・4・5・6・11・12・13章

西村由美
関西学院大学日本語教育センター講師。
アインシャムス大学（エジプト），大阪産業大学などを経て現職。
専門は日本語教育。
担当章：第2・3・5・7・8・9・10・14章

編集協力

長谷川哲子
関西学院大学経済学部准教授。
編集協力：第5章

大学生のためのディベート入門
論理的思考を鍛えよう

───────────────────────────

2018 年 9 月 30 日　　初版第 1 刷発行　　　　定価はカヴァーに
2022 年 10 月 15 日　　初版第 3 刷発行　　　　表示してあります

　　　　　　　　　編　者　　内藤真理子
　　　　　　　　　　　　　　西村由美
　　　　　　　　　発行者　　中西　良
　　　　　　　　　発行所　　株式会社ナカニシヤ出版
　　　　　　　〒606-8161　京都市左京区一乗寺木ノ本町 15 番地
　　　　　　　　　　　　　Telephone　075-723-0111
　　　　　　　　　　　　　Facsimile　075-723-0095
　　　　　　　　　　Website　http://www.nakanishiya.co.jp/
　　　　　　　　　　Email　iihon-ippai@nakanishiya.co.jp
　　　　　　　　　　郵便振替　01030-0-13128

───────────────────────────

装幀＝白沢　正／印刷・製本＝創栄図書印刷
Copyright © 2018 by M. Naito, & Y. Nishimura
Printed in Japan.
ISBN978-4-7795-1325-1

本書のコピー，スキャン，デジタル化等の無断複製は著作権法上の例外を除き禁じられています。本書を代行業者等の第三者に依頼してスキャンやデジタル化することはたとえ個人や家庭内での利用であっても著作権法上認められていません。